哲學研究叢書・學術思想叢刊

清代中晚期理學研究
——思想轉化、群體建構與實踐

田富美　著

目次

推薦序

　　理學自北宋周敦頤開始闡發心性義理的精微，為儒者導引出一條新路向，成為理學開風氣之先的人物以後，經張載及程顥、程頤兩兄弟等眾多儒者的繼踵傳揚。到了南宋，終於產生以道問學為主的朱熹，與以尊德性為主的陸九淵，兩大壁立崖岸的人物。朱熹主要是承繼程頤思想並發揚光大，陸九淵則傳至明朝被王守仁吸收闡揚，於是理學遂有程朱學派與陸王學派的分別；且因理學主要發展於宋朝，並傳衍至元、明兩朝，故世人往往以宋學稱之。及至清朝，考據學大興，大抵分為以惠棟為主的吳派，與以戴震為主的皖派，其學以治經為主，旁及小學，校勘、輯佚諸學，標舉實事求是、無徵不信，號為漢學。與宋學之重視心性義理大異其趣，宋學遂為所掩。從表面上看來，宋學至此似已銷聲匿跡，實則宋學為順應學風的轉變，並面對世變日亟的形勢，已開始轉化而呈現新的樣貌，可惜一般論述清代學術史者對此卻少有著墨，無寧是一種很大的缺憾。

　　銘傳大學應用中文系副教授田富美，原畢業於東吳大學中文系學士班，嗣又考入本人任教的政治大學中文系碩士班、博士班就讀。以對儒學夙有興趣，曾選修本人所開設「宋明理學研究」、「中國思想家專題研究」兩課程，不論在課堂上的討論，抑或學期末繳交的報告，皆顯現出其好學有思理，嚴謹篤實的特質。期間並在本人的指導下，完成碩士論文《法言思想研究》、博士論文《清代荀子學研究》，皆以資料宏富，結構嚴整，剖析周密，論述精當，深獲口試委員好評。任教於銘傳大學應用中文系以後，開始致力於探討清朝乾嘉時期漢學、

宋學的交鋒情形，撰成《乾嘉經學史論——以漢宋之爭為核心之研究》，且獲審查通過，升等為副教授。尤為難能可貴者，為田富美副教授發現乾嘉時期理學雖為考據學所掩，但並未消亡而呈現另種樣貌，乃從乾嘉往下探索至道咸時期的理學演變情形，撰成論文多篇，或申請為科技部計畫，或發表於各學術會議或學術期刊。積稿既多，乃重加董理，並或補充或刪改部分內容，既統一體例，復改題篇名，以形成體系，彙整為一書，期能提供學界對清朝乾嘉道咸時期，理學的實際發展狀況，較為完整清晰的了解。

　　全書共分兩編，編下分章，章下分節，且於相關章節下立有結語以總括要義，眉目清楚，意旨醒豁。第壹編為「理學思想的轉化：從方東樹到方宗誠」，分別以兩章探討方東樹及其族弟方宗誠的理學思想。指出方東樹的思想主要以攻駁乾嘉漢學、攻駁陸王心學為主；方宗誠則重在其於經世學風下對理學思想的承繼與轉化，包括體用之學的轉化、聖賢圖像的轉化、學術論辯的轉化等，顯現與方宗樹不同的意趣。第貳編為「理學社群建構與實踐」，下分三章：第三章通過日課的內容，探究道咸時期京師理學社群的建構與所重修養工夫。第四章則以劉廷詔之纂輯《理學宗傳辨正》，傳達其以朱熹為宗，批判心學，重構道統的旨趣。第五章探討理學家在經世視域下，試圖融通程朱、陸王之學，除傳承兩派所主的成德教化之外，更實質的將經世濟民納入範疇，以符應時代的需求。總此兩編五章，以《清代中晚期理學研究——思想轉化、群體建構與實踐》為題，勒為一書，丐序於本人。本人既嘉許田富美副教授於熱心教學，並曾榮獲私立大專校院協會模範教師、銘傳大學優良教學獎之餘；又致力於學術研究，不斷撰述論文以回饋學界的表現極表肯定；更期許其能在學問之途更上層樓，再創佳績。因樂為之序如上。

二〇一八年八月　　董金裕謹序於臺北

序論
世事蜩螗與學派競合下的理學思想

　　現代學者探頤清代儒學，往往以乾嘉漢學為主軸。至於以程朱理學為主脈的宋學，受到的關注相對減少，這是由於多數學者認為此時程朱理學已僵化為官方統治思想而失去生命力。如錢穆（1895-1990）不但批評清代理學，並且針對「道咸同光」時期言：

> 學者怵於內憂外患，經籍考據不足安定其心神，而經世致用之志復初，乃相率競及於理學家言，幾幾乎若將為有清一代理學之復興；而考其所得，則較之明遺與乾嘉皆見遜色。[1]

又言：

> 抑學術之事，每轉而益進，途窮而必變。…… 然則繼今而變者，勢當一切包孕，盡羅眾有，始可以益進而再得其新生。……至於道咸以下，乃方拘拘焉又欲蔑棄乾嘉以復宋明，更將蔑棄陽明以復考亭，所棄愈多，斯所復愈狹，是豈足以應變而迎新哉？[2]

首先，錢穆指出道咸之後由於外在環境的動盪不安，促使當時儒者透

1　錢穆：〈清儒學案序目〉，《中國學術思想史論叢（八）》（臺北市：素書樓文教基金會，蘭臺出版社，2000年11月），頁480。
2　錢穆：〈清儒學案序目〉，《中國學術思想史論叢（八）》，頁481。

過理學話語以復歸於經世致用，形勢幾可視為「理學之復興」，但終究不及晚明、乾嘉諸儒思想的深度與廣度，無濟於理學走向衰頹的事實。換言之，咸道後的理學不僅無法與明代理學相比擬，亦不足以與清代前期理學相比肩。基本上，錢穆是從學術思想的原創性與新穎性為考察視角，關注的焦點在於促成此一典範的精英學者身上，此一觀察學術流變的模式實為多數思想研究者評價某種思想或學術流派的標準。是以，若從道咸後的程朱理學家在義理思想的建構、邏輯思辨的創獲上來看，實不如清初陸世儀（1611-1672）、張履祥（1611-1674）、陸隴其（1630-1692）、李光地（1642-1718）等人，更遑論相較於宋明時期的諸多理學家，故而錢穆譏為「既無主峯可指」、「亦無大脈絡大條理可尋」。[3]然而，若是從理學發展脈絡而言，即使理學的基盤已然建立穩固，但這並不妨礙後繼者依自身所處時代特質與問題進入理學範疇中追索答案，並擴充既有的思想資源，賦予常新的生命力。由此一角度來看，理學的流衍過程本身即是進行調整和轉化的過程，道咸後的理學自不應被忽視，且必然富含自身的時代價值；再者，理學作為儒家文化的重要型態，在清代始終存在著影響力，[4]同

3　錢穆：〈清儒學案序目〉，《中國學術思想史論叢（八）》，頁484。

4　如梁啟超（1873-1929）《清代學術概論》即述及程朱之學在清代受抨擊與因襲的情形，《中國近三百年學術史》中則專立一章〈程朱學派及其依附者〉；錢穆著《中國近三百年學術史》首章更明言清代學術乃淵源於宋學，且「漢學諸家之高下淺深，亦往往視其所得於宋學之高下淺深以為判」；陸寶千《清代思想史》中則有〈康熙時代之朱學〉、〈晚清理學〉二章闡述程朱之學在清代的發展，足見程朱理學在清代仍具有一定的影響力而不應被忽視。參見梁啟超：《清代學術概論》（臺北市：臺灣商務印書館，1993年），頁6-8、《中國近三百年學術史》（北京市：東方出版社，1996年），頁119-129；錢穆：《中國近三百年學術史》（臺北市：臺灣商務印書館，1995年臺2版），上冊，頁1；陸寶千：《清代思想史》（臺北市：廣文書局，2006年3版），頁119-162：323-438。

時更是近代經世思想的淵源。[5]何佑森（1931-2008）分析近世朱子學，曾指出朱子學術在時代鉅變中所扮演的功能：

> 朱子學博大精深，前後經歷了四個世紀，每當時代動亂，思想的發展有了偏差，惟一能補偏救弊的，則只有朱子一脈相傳的儒學。[6]

說明了儒者透過理學汲取匡時濟世、個人修養的思想資源，成為後世儒者用以作為因應政治社會等情勢的方式之一。

　　向來被視為反乾嘉漢學大將的方東樹（1772-1851）及其族弟方宗誠（1818-1888）即是鮮明的例子：在梳理方東樹攻駁乾嘉漢學、闢除陸王心學的過程中，發現方東樹再三強調格物致知以窮理在尋求孔門聖道中的重要性，雖突顯了具體的積累漸進工夫以避免心學家向內省察心性而流於玄虛狂肆，且對清考據學家的詰難發揮了一定的抗衡力量，但卻也同時使得朱子探求聖道中講求由分殊之理上升至對先驗天理的體認工夫退居次要；[7]換言之，程朱理學中具超越義的部分遂隱而不彰，這是嘉、道年間方東樹在乾嘉學風熾盛之下所呈顯的程朱理學特點。至嘉道時期（1796-1850），面對接踵而至的西方軍事入

5　黃克武藉由《切問齋文鈔》之分析指出，過去學者解釋近代經世思想興起原因時多強調清今文經學復興的重要性，但事實上，清代理學內部演變的經世精神或許更具關鍵地位。參見氏著：〈理學與經世──清初「切問齋文鈔」學術立場之分析〉，《中央研究院近代史研究所集刊》第16期，頁37-65。另可參李細珠：〈試論嘉道以來經世思潮勃興的傳統思想資源〉，《廣東社會科學》2005年第3期，頁110-117。

6　何佑森：〈朱子學與近世思想〉，收入氏著：《儒學與思想──何佑森先生學術論文集》（臺北市：臺灣大學出版中心，2009年4月），上冊，頁126。

7　參見拙著：《乾嘉經學史論──以漢宋之爭為核心之研究》（臺北市：文史哲出版社，2013年），第一章〈方東樹反乾嘉漢學探析〉，頁15-57。

侵與太平天國禍事使得清廷內外混亂之勢，理學家們關注的焦點逐漸傾向於將程朱理學與躬行實踐、現實致用的工夫結合起來，[8]以因應政治社會變化加劇的時勢，方宗誠以契合「身心國家之實用」為學術價值的標準，並在其諸多著述中，屢稱程朱理學為「明體達用」之學，[9]從實用、濟世的角度予以兼容於自身所建構的理學系統之中，成為以經世為核心的新型態理學。

　　誠然，理學在晚清的復興，絕非只肇因於內憂外患的社會政治危機，儒學發展的內在理路及其傳衍必然是無法忽視的一環，這是近年多數研究者的共識。[10]透過身處於晚清程朱理學復興的方宗誠與當時理學名臣士子交遊論學的記載，發現當時宦遊於京師的士人在共同崇奉程朱思想的前提下所形成理學社群（community）的學術活動正體現了晚清理學復興的概況。道光二十年（1840）「學宗朱子」[11]的唐鑑

---

8 王汎森：《中國近代思想與學術的系譜》（臺北市：聯經出版事業公司，2003年），頁23-38；車冬梅：〈析晚清理學學術特徵〉，《西北大學學報（哲學社會科學版）》第39卷第4期（2009年7月），頁48-51。朱淑君：〈系譜重建與經世復歸：咸同時代理學復興的學術特徵考察〉，《文藝評論》2011年第2期，頁158-161。

9 參見方宗誠：〈上吳竹如先生〉，《柏堂集・外編》（收入《清代詩文集彙編》，上海市：上海古籍出版社，2010年，清光緒6年至12年刻本），卷2，頁679；〈讀書說〉，《柏堂集・次編》，卷4，頁153-154；〈春秋傳正誼敘〉、〈與汪仲伊書〉，《柏堂集・續編》，卷2，頁211；卷7，頁277。案孫葆田〈方宗誠墓誌銘〉：「學術之正大，近代所未有也。先生為學大旨，在內外交修，體用兼備。」又強汝詢〈方存之先生家傳〉指方宗誠論說大旨「以格物致知為首，以子臣弟友為實學，以明體達用為要歸。」二文俱見於《柏堂遺書》（收入《原刻影印叢書集成三編》，臺北市：藝文印書館，1971年景印光緒中桐城方氏志學堂刊本），卷首，頁2右；頁1右。

10 如史革新：《晚清理學研究》，頁19-33，《晚清學術文化新論》（北京市：北京師範大學出版社，2010年9月），頁1-30；李細珠：〈略論道咸同時期的理學復興及其原因〉，《華南師範大學學報（社會科學版）》1998年第3期，頁99-104；張晨怡：〈略論清同治年間的理學復興〉，《歷史檔案》2006年第1期，頁88-91。

11 不著編纂，王鐘翰點校：《清史列傳・儒林傳》（北京市：中華書局，1987年），卷67，頁5400。

（1778-1861）自金陵至北京任太常寺卿，講學期間攏聚了一批京城士了，促使程朱理學風氣藉由京師群臣的政治權力而受強化與推動，[12]於是受乾嘉漢學壓抑的宋學重新活躍起來。

　　在當時攏聚的京師學術社群中，有所謂「會課」活動。儒者藉由定期會聚，將每日讀書所得、省察言行等一切修悟之事所載錄之日課相互批閱、論辯，作為相互砥礪、勸勉的進德修業工夫。這樣的會課活動，有助於當時儒者堅立程朱之學的職志。再者，道咸時期的京師理學家們以纂述理學相關的學術史來鞏固程朱理學在道統傳承的地位。其中最受矚目的是唐鑑於道光二十五年（1845）所撰《國朝學案小識》，在提要中唐鑑推崇朱子是儒家自孔、顏、曾、思、孟後「集諸子之大成，救萬事之沈溺」者，此後能續繼理學體系之清儒，依其恪遵程朱之道、闡明理學之情形分列入〈傳道學案〉、〈翼道學案〉、〈守道學案〉；同時別設「尊漢師而詆朱子者」、「淪澌流蕩，無所底極」者為〈經學學案〉、〈心宗學案〉，收錄漢學家與陸王學派儒者予以貶抑，[13]明確地標揭程朱理學是道統的授受統緒及復興程朱理學的企圖。同時，唐鑑並囑何桂珍接續清初理學家竇克勤（1653-1708）輯錄宋、元、明三朝理學家所作《理學正宗》之後，編錄明代胡居仁（1434-1484）、羅欽順（1465-1547）、清初陸隴其、張履祥四傳為《續理學正宗》。[14]劉廷詔（？-1856）不滿孫奇逢（1585-1675）《理

---

12 有關晚清咸、同年間程朱理學復興與政治的關係，參見史革新：〈程朱理學與晚清「同治中興」〉，收入氏著《晚清學術文化新論》，頁1-30。

13 參見唐鑑：〈清學案小識敘〉，《清學案小識》（臺北市：臺灣商務印書館，1965年），頁1-4。

14 何氏在書後序言：「《續理學正宗》者，竇蘭泉吏部之所購也。唐先生欲再購而不可得，因命余續成之。」參見何桂珍：《續理學正宗》（收入《叢書集成續編》，臺北市：新文豐出版社，1989年，第43冊），後序，頁4。

學宗傳》傾向陸王心學的學派立場，作《理學宗傳辨正》駁斥，則是
以辯駁異己的方式來確立程朱理學的道統地位。劉氏將周、程、張、
朱等人列為〈正傳〉，作為道統的嫡傳，而陸王則列為〈附錄〉，展現
關除心學於道統外的意圖。此後《理學宗傳辨正》於同治十一年
（1872）由倭仁、吳廷棟校訂、刊行，倭、吳的用意在於「是能救良
知之害，而示學者以正途」。[15]其目的顯然與唐鑑、何桂珍是一致的。

　　道咸時期京師理學社群透過講學、會課及纂述活動重新思索、建
構的「程朱理學」型態，與宋代程朱理學、清初理學的淵源關係，亦
是值得思索的議題。如對於體用觀點的論述，便與宋明儒有著一定程
度的差異。晚清儒者所論析體用之意涵，往往緊扣著現實致用：賀熙
齡（1788-1846）曾載唐鑑為學「奉程朱為的：主敬以立其體，忠恕
以致其用，非有裨於身心意知之理者，不以關其慮也；非有關於天下
國家之故者，不以用其功也」；[16]吳廷棟（1793-1873）言：「程朱以
明德為體，新民為用，乃由體達用之學」，[17]此皆強調契合現世的實存
關懷為學術價值的標準，進而形構出一體用關係的詮解，都是晚清儒
者在當時社會講求致用思潮下對程朱理學的新觀點。是以，此一理學
社群士子們所形塑的程朱理學面貌，實已大不同於前，有待透過各項
學術活動的追索、相關理學術語的詮解，尋繹出更清晰的內涵。

　　至於京師理學社群士子的理學思想與清初程朱理學的傳繼問題，

---

15 涂宗瀛：〈理學宗傳辨正跋〉，收入劉廷詔撰，倭仁、吳廷棟校刊：《理學宗傳辨正》
　　（北京市：北京圖書館出版社，2006年景印六安求我齋刊本），卷末，頁368。案：
　　相關記述請參李細珠：〈倭仁與吳廷棟交誼略論〉，《安徽史學》1999年第2期，頁42-
　　47。
16 賀熙齡：〈唐確慎公集序〉，收於《唐確慎公集》，頁473。
17 吳廷棟：〈召見恭紀〉，《拙修集》，卷1，頁322。

似乎亦能有較多層面的考察。曾有學者概括的指出，晚清理學復興潮流是清初朱子學的「嫡傳」，呈現的是二者在「經世理學」主張的一致性。[18]但若細就二者理路背景、致思方向等層面的內涵，則將不難發現嘉道時期後的理學對清初理學應有一定程度的改鑄和理解。清初理學產生於朝代鼎革之初，面對政治權力更迭、社會階層的重構，加上針對王學末流空疏學風的矯正，因此強調理學中倫理綱常的意義，以重建社會秩序為目的；[19]而道咸之後的理學發展則是產生於清朝國勢漸衰之際，面對朝政腐敗與社會動盪、外強入侵的紛擾，在學術方面的必須回應乾嘉義理思想，故而在清初理學的基礎上更進一步捨棄了理學超越層面的論述，更重視經世致用的價值，關注事功上的作為以朗現政教領域意義的體用。由此看來，雖然政教倫理的關懷是清代理學的共同核心，但在內、外條件不同的導向之下，道咸時期的理學絕非清初理學的單純復歸，仍具一定的時代特質。

再者，梳理上述道咸時期理學思想的過程中，發現此一時期的理學家在致力於將程朱之學與躬行實踐、濟世實用等工夫結合之餘，另一方面仍不免須就傳統論題——即與陸王心學之辨做出回應，誠然，這是歷來所有研治理學者很難迴避的議題，對於程朱、陸王之學二者存在既有可相互融通、亦有差異的論辯，始終是理學發展史的重要一環；這些理學家們各自受其當下學術氛圍以及自我問學體驗等複雜的意識投入此一同室操戈的場域中，無論是嚴辨理學心學二者之壁壘、

---

18 參見林國標：《清初朱子學研究——對一種經世理學的解讀》（長沙市：湖南人民出版社，2004年），頁282；黃克武亦指出清初理學直接推動了清代經世思想的發展。參見氏著：〈理學與經世——清初「切問齋文鈔」學術立場之分析〉，《中央研究院近代史研究所集刊》第16期（1987年6月），頁37-65。
19 參見林國標：《清初朱子學研究——對一種經世理學的解讀》；楊菁：《清初理學思想研究》（臺北市：里仁書局，2008年1月）。

獨尊程朱的道統地位，抑或是企圖兼融合一於儒門之內，這些論述都豐富、延續了理學發展，同時呈顯理學轉化的一種呈現；因此，清代中晚期理學家對於心學的評議，在此也有了探究的意義。

全書共計五章，各章所論述的主軸，以闡發「清代中晚期理學」為題旨的撰寫策略，惟歷時既久，為求體例一致，故改題篇名，部分內容亦重新刪寫、補苴訂謬；另外重複之處，皆已盡可能移除，然仍有少數為求論敘通順、完整而予以保留。以下分述各章概要：

第壹編　理學思想的轉化：從方東樹到方宗誠

第一章〈乾嘉學風下的尊朱視域：方東樹理學思想〉

　　過去研究論及方東樹者皆將焦點集中於《漢學商兌》，將之視為反乾嘉漢學之大將。然而方氏以捍衛程朱學術自詡，他的著作並不僅止於反乾嘉漢學，同時亦處理陽明學派對朱子的非議。本章第一節論述方東樹對乾嘉漢學的攻駁，包括駁斥乾嘉義理思想、詰難乾嘉治學工夫兩層面，並分析乾嘉儒者所言「故訓明理」與程朱「格物致知」之意涵。第二節考察方東樹的儒學相關著作，爬梳方東樹以程朱之學回應陸王的批判，以及攻詰承襲陽明心學一系的劉宗周義理等問題進行探究。首先，分析方東樹反陽明學的原因，主要是認為當時士人省悟乾嘉漢學流弊後，將轉而以陸王心學為依歸，為預阻此一學風之轉變，維護程朱理學之地位，故辨明陸王心學之失，闢除黃宗羲、劉宗周承姚江門戶之論述。其次，歸納方東樹反陽明學的內容，包括抨擊陸象山與王陽明晦於人心道心的詮解、混淆知行之序，貽誤立教之則；以及劉宗周在道器性理諸說、氣質之性，以及誠意慎獨之學立論

之謬源於陽明且更甚於陽明。最後，藉由前述的基礎，嘗試指出方東樹在尊奉程朱之學幾近乎信仰般的特質下，使其難以正視心學家對程朱理學的攻詰；而再三突顯格物窮理、強調積累漸進之工夫，雖看似陷於忽略理學超越層面闡發之困境，但從另一角度來說，此未嘗不是受乾嘉學風衝擊而轉變之展現。

第二章〈道咸時期的理學嬗蛻：方宗誠理學思想〉

程朱理學自宋代發端後，成為儒學義理進程的重要一環，承繼者在其流衍的過程中面對各個學派的挑戰、政治社會的衝擊時，重新檢視、估量義理內涵並進行調整或轉化，去肆應不同的議題以延長其生命力。清道咸時期被後世學者稱為「理學復興」時期，即使看來似乎缺少了典範的創新性，但卻產生過積極的社會作用與歷史影響。本章考察理學家方宗誠賡續族兄——反乾嘉漢學大將方東樹尊崇程朱道統之際，面對國勢鉅變、社會動盪等紛擾的衝擊，在當時社會講求致用思潮下對程朱理學的轉化。第一節指出方宗誠提出「明體達用」作為理學重塑的準則；第二節論述方宗誠在此準則下建構以經世為核心思想的新型態理學。論究的面向有三：首先，方宗誠淡化了超越層面「心性體證」的體用之學，將形上的體用之學轉化為「盡倫盡物」的實存關懷；其次，在體用之學的差異下，對於聖賢圖象的形塑，亦由彰顯先驗而內在本質的「體道人格」轉化為講求落實於經驗世界中的「德性踐履」；再者，相較於方東樹對心學、漢學的嚴厲批判和辯駁以捍衛朱子的道統地位，方宗誠則轉而以實用、濟世的角度予以兼容於自身所建構的理學體系之中，這些內容亦皆是在「明體達用」原則下的具體呈現。依此，道咸時期的理學已轉化為重視經世價值，強調具體道德踐履以朗現政教秩序之特質，實蘊涵其時代意義。

第貳編　理學社群建構與實踐

第三章〈日課：清道咸時期京師理學社群的建構及修養工夫〉

　　所謂「日課」，是指每日訂定閱讀書籍之數目，輔以自我省察的讀書方法。此一修養工夫雖可溯源於《論語‧子張》所載「日知其所亡，月無忘其所能」之精神，然大量出現於儒者進德修業工夫的論述，則是在程朱理學盛行之際。此後，至晚清道咸時期，程朱理學重新受到重視，晚清儒者在面對各學派挑戰、外在環境衝擊之下，亦就程朱理學內部進行調整，甚至轉化。其中，反躬實踐、心體力行的工夫受到重視，於是「日課」的修養工夫一再出現於晚清理學家論述之中，唐鑑於道光二十年任職北京，將此一工夫徹底發揚，吳廷棟、倭仁、曾國藩等士子均受其影響，不僅成為理學復興的動力，同時也是晚清理學修養工夫特色。而此一傳統修養工夫直至今日，仍有現代教育值得借鏡之處。

第四章〈纂輯：劉廷詔《理學宗傳辨正》的道統重構〉

　　道光二十年唐鑑至北京任職，講學期間攏聚了一批尊崇程朱思想的宦遊士人，形成京師理學社群，透過纂輯學術史著作所形成的理學社群正體現了清代中晚期理學復興的一個側面，劉廷詔《理學宗傳辨正》即是極具代表性之作。本章嘗試經由《理學宗傳辨正》之探討，論析道咸時期京師理學社群的道統觀，說明此一道統觀以「格物窮理」為核心，從而論析這些儒者批判陸王心學之意涵，指出這個看似深陷門戶泥淖的背後，一方面固然是強化程朱理學之價值；另一方面實隱含了身處力求經世實踐思潮下的理學家藉由對理學的再詮解，使其在國勢社會鉅變的政教場域中取得新的意義。

第五章〈實踐：經世視域中的陸王心學〉

本章主要探究清代中晚期理學家在經世視域中，試圖尋繹出程朱、陸王之學共同之處，強調二者融通之效者，包括李棠階、方宗誠、宗稷辰（1792-1862）、劉光蕡（1843-1903）等人。在這些儒者的論著中，對於經世致用的企望有著高度的一致性；且屢屢闡述王學不違朱學或二者相通等觀點。本章首先說明此一時期理學家們所持經世視域，除了保有傳承宋明時期所主的成德教化之外，更實質的將經世濟民納入範疇，故而不但教諭於書院，且認同舉業、事功，興辦實業；其次，分析這些思想家們在此經世視域下所闡述心學實乃承續理學之發展、心學與理學均屬道統之一環等論述，其中對於朱、王之思想體系的掌握，指出其粗疏不足之處；同時，說明由此所寄寓自身思想及其理解的時代意義。

上述章節皆曾在國內外學術研討會中宣讀或刊載於學術期刊、專書，並獲科技部專題研究計畫經費之補助，於每章文後以〈附記〉方式說明原篇名及發表時間，以資參酌，其中思慮偏蔽不周、文字檢羅不全者亦盡力修訂，企望能更精確地呈現清代中晚期理學思想內涵。

第壹編
理學思想的轉化：從方東樹到方宗誠

　　近年來論究清代學術者，大多認同清代儒學自有一異於宋明儒學的義理典範。大體而言，清代義理思想是以乾嘉時期（1736-1820）的戴震（1723-1777）為首所主「氣」為根源的思考進路，「氣」在其思想體系的位階正如同程朱學派中的「理」或陸王學派中的「心」一樣：論「理」或「道」必本諸氣化流行所構生的實體實事中分析、探究；論心性則肯定欲與情的存在價值，能通達天下人之情、遂天下人之欲，使之無所差繆、不爽失，即是人性之善；而見諸於修養工夫則凸顯由經驗世界中人、事、物的客觀認知以釐析出義理的重要性，影響所至，便是對經典文獻的重視與依賴，以及隨之必然的歸納、整理方法，要求由文字訓詁以明理義的問學工夫。承繼而起的焦循（1763-1820）、凌廷堪（1757-1809）、阮元（1764-1849）等人，不但延續了戴氏的義理主張，同時有更進一步的彰揚，成為乾嘉學術主流。至於仍為官方所重的程朱理學，以一先天完滿價值的本體為核心，講求自我體證、去人欲、回復人性初始狀態的修養工夫，其在學術史上受到的關注，相對是較薄弱的[1]。

1　如楊向奎言：「道學一脈，歷雍、乾兩朝，不絕如縷，但影響已微。蓋在朝者以理學張其幟，而在野者則拔其幟而事樸學。」參見氏著：〈孝感安溪學案〉，《清儒學案新編》（濟南市：齊魯書社，1988年），頁692-693。

身處於此一乾嘉學風興盛之際的方東樹（字植之，1772-1851），論學以捍衛程朱（程頤1033-1107，朱熹1130-1200）為己任，在其著作中屢屢表達強烈捍衛朱子道統地位的職志；此外，若進一步考察方東樹的著作，不難發現其論爭的對象，除了乾嘉漢學之外，還包括對理學內部議題──即程朱、陸王（陸九淵1139-1193，王守仁1472-1529）之爭的闡述。方東樹首要爭論的對象當然是攻詰程朱之學最力、叛離道統的乾嘉漢學[2]，此即作《漢學商兌》之因；其次則是陸王學派對程朱之學非議的辯駁。對方東樹而言，惟有廓清歷來詆毀程朱最力的乾嘉漢學、陸王學派[3]，才能使程朱之學復明，定於一尊。他為預先遏阻時人感悟漢學龐末而轉步入陸王之學，以及針對清初儒者尊揚王學之作，故而力闢陸王之學亦成為其論述著書另一著力之處。而方宗誠（字存之，號柏堂，1818-1888）則一方面承繼了方東樹的尊朱思想，另一方面又有所轉化，並具體表現於體用、聖賢圖像、對其他學派評價的論述之中。

2　方東樹認為漢學是「著書以闢宋儒，攻朱子為本。……名為治經，實足亂經；名為衛道，實則畔道。」參見氏著：〈漢學商兌序〉，《攷槃集文錄》（收入《續修四庫全書》，上海市：上海古籍出版社，1995年影印道光13年管氏刻本，第1497冊），卷2，頁299下-300上。

3　方東樹：「晚學小生，不肯細心窮理，妄引陸子詆斥程朱。此虞道園之言。而明以來，奉陽明為宗主者，皆由於此。粗疏之士，以記問為貴，謂『道學』以空疏談性命。觀袁清容之言可知。而近人以漢學考證為宗主者，皆由於此。歷考詆程朱者，不出此兩大派。」參見氏著：《漢學商兌》（收入江藩、方東樹：《漢學師承記（外二種）》，香港：三聯書店，1998年），卷上，總頁256。

第一章
乾嘉學風下的尊朱視域：方東樹理學思想

　　本章論述方東樹對乾嘉漢學的攻駁，第一節包括駁斥乾嘉義理思想、詰難乾嘉治學工夫兩層面，並分析乾嘉儒者所言「故訓明理」與程朱「格物致知」之意涵。第二節考察方東樹的儒學相關著作，爬梳方東樹以程朱之學回應陸王的批判，以及攻詰承襲陽明心學一系的劉宗周義理等問題進行探究。

第一節　不惜犯舉世之罪而力辨之：攻駁乾嘉漢學

　　身處乾嘉學風興盛之際的方東樹，推尊程朱之學「得聖人之真」、「與孔、曾、思、孟無二」，乃「繼鄒魯而明道統」，[1]並以捍衛程朱者自任，對於乾嘉時期抨擊朱子的諸多言論，顯然有深刻的感受，例如對於紀昀推衍明代人董復亨（約1607年前後在世）批評朱子之言，方東樹不但逐一反駁，且聲明：

　　　按董復亨以淺鄙之見窺測君子，創為邪說，視朱子心術兒戲，
　　　如市井鄙夫；紀氏（案：紀昀）又推衍之如此，其流害人心匪

1　方東樹：〈漢學商兌序〉，《攷槃集文錄》，卷4，頁300上；〈序纂·漢學商兌序略〉、〈著書傷物〉，《書林揚觶》（收入嚴靈峰編：《書目類編》，臺北市：成文出版社，1978年影印蘇州文學山房排印本，第92冊），第16，總頁41513；第8，總頁41423。

細，……凡論朱子者，此等疑似隱微事案凡數百十家，數十百處，見非止關礙朱子，要是關來今無窮人心，學術邪正是非義理之辨，至切至重，余故不惜犯舉世之罪而力辨之。後之君子，凡見此等，不得放過，須與推勘考實到底，使是非明白，即所以明道、息邪說、正人心，非私朱子也。[2]

又：

余生平觀書，不喜異說，少時亦嘗泛濫百家，惟于朱子之言有獨契覺其言，言當于人心，無毫髮不合，直與孔、曾、思、孟無二；以觀他家，則皆不能無疑滯焉。故見後人著書，凡與朱子為難者，輒恚恨以為人性何以若是其弊也。故凡今之所辨，惟在毒螫朱子，悖理義誤學術者。至制度名物之異同是非，自漢唐傳注義疏所不能一，無關宏旨，不強論焉。[3]
吾平生於世之毀程朱者，輒斷斷爭之而不敢避，誠有懼乎其害之大也。[4]

所謂「斷斷爭之而不敢避」、「不惜犯舉世之罪而力辨之」，即是方東樹對思想異於朱學的態度，這也正呼應了方氏自覺其論辯「惟在毒螫朱子，悖理義誤學術者」。依此來看，方氏恚恨的是悖於程朱理學的義理主張，關注的是危及朱子道統地位的學說盛行，這才是他汲汲雄辯的主旨。

關於方東樹對乾嘉漢學的批判，其鮮明的立場莫過於道光年間所

---

2 方東樹：〈箸書傷物〉，《書林揚觶》，第8，總頁41427-41429。

3 方東樹：〈序纂・漢學商兌序略〉，《書林揚觶》，第16，總頁41513。

4 方東樹：〈合葬非古說〉，《攷槃集文錄》，卷2，頁280下。

刊刻《漢學商兌》，[5]書中對於乾嘉時代漢學家們的抨擊，被視為清代漢、宋學之爭中代表宋學的鮮明旗幟。然而，此舉在扭轉當時鄙薄程朱的學術氛圍、澄清乾嘉學者對宋學攻訐的成效上似乎十分有限，更遑論捍衛程朱之學作為儒家道統傳承者之地位，[6]方氏論辯的意涵及困境，實應有進一步的探究。

　　本節即是基於上述的問題意識而撰寫，並且嘗試藉由釐清此一問題的同時，指出固守程朱理學的方東樹在乾嘉學風下，面對論敵挑戰時所採取的捍衛策略及成效。首先，探究方東樹攻駁乾嘉漢學的內容，尋繹出其主要觀點及目的，尤其在治學工夫中對於經典訓詁的態度；其次，藉由前述的基礎，論究方東樹在乾嘉學術風潮盛行之際如何擇取程朱理學中的議題以與之抗衡。

5　學者們對於《漢學商兌》的成書及刊刻時間見解略有不同：鄭福照以為成於道光四年（1824）；梁啟超則認為成於嘉慶年間；錢穆則認為該書成於道光六年丙戌（1826）前，刊行於辛卯（1831）；朱維錚則依復旦大學圖書館藏道光辛卯冬季刊本中種種文字記載推測該書著成時間應早於錢氏所指的道光六年。參見鄭福照：《清方儀衛先生東樹年譜》（臺北市：臺灣商務印書館，1978年），頁6；梁啟超：《清代學術概論》（臺北市：臺灣商務印書館，1993年臺2版），頁112；錢穆：《中國近三百年學術史》（臺北市：臺灣商務印書館，1995年臺2版），頁573-574。朱維錚：〈漢學與反漢學——江藩的《漢學師承記》、《宋學淵源記》和方東樹的《漢學商兌》〉一文中注12，收於氏著：《求索真文明——晚清學術史論》（上海市：上海古籍出版社，1996年），頁13-43。該文另見於氏著：《中國經學史十講》（上海市：復旦大學出版社，2002年10月），頁125-162。案：目前所見《漢學商兌》最早刻本為道光辛卯冬（1831）之刊本。

6　如梁啟超言方氏為宋學辯護之處多迂舊；章太炎亦批評方東樹「本以文辭為宗，橫欲自附宋儒，又奔走阮元、鄧廷楨間，躬行佞諛，其言與行頗相反。」繆荃孫更評方氏所撰《漢學商兌》是「幾於極口痛詆以自張其保衛宋學之功」，實「非惟漢學之罪人，亦宋學之罪人矣。」這些意見顯然不僅質疑方氏詆斥漢學的動機，更蔑視方氏自命為程、朱傳人之舉。參見梁啟超：《清代學術概論》，頁112；章太炎：《檢論·清儒》，《章太炎全集》（上海市：上海人民出版社，1984年），卷3，頁475；繆荃孫：〈方東樹儀衛堂集跋〉，《藝風堂文集》（收入《續修四庫全書》，光緒26年刻本，第1574冊），卷7，頁139下。

一　駁斥乾嘉義理思想

　　方東樹對乾嘉漢學的攻駁主要有二：一是反駁漢學家論程朱義理上的疏誤；另一則是以攻擊江藩（1761-1831）倡議「純乎漢儒古訓」[7]為主軸的《國朝漢學師承記》（以下簡稱《漢學師承記》），並總結漢學家之弊。

　　方東樹既崇信程朱之學為儒門唯一正傳，故而拒斥一切相異之論，對於戴震、焦循在其否定任何超越、先驗性質理論存在的觀點下，批評程朱之學言心言性言理「探之茫茫，索之冥冥，不如反而求之六經」、「以意見殺人」，[8]在工夫論中講求向內體證、主靜的修養方式則將之視為空疏、歸諸異端、禪學[9]等，方東樹反駁言：

> 昔程子受學於周茂叔，亦曰反而求之六經。則程朱固未嘗舍六
> 經而為學也。且所謂求於六經者，何也？非謂求其「道」，求
> 其「理」，求其「心」邪？戴氏宗旨，力禁言「理」。而所以反
> 求之六經者，僅在於形聲、訓詁、名物、制度之末。……考戴
> 氏嘗言：「自十七歲時，有志聞道，謂非求之六經、孔孟不

7　江藩所揭舉之「漢學」，乃著眼於治經工夫，如自述其纂《漢學師承記》乃是鑒於「象數制度之原」、「聲音訓詁之學」毀於東西晉之清談、南北宋之道學，且於元、明兩朝時更加晦暗，幸「至本朝，三惠之學，盛於吳中；江永、戴震諸君，繼起於歙。從此漢學昌明，千載沉霾，一朝復旦」，因此「暇日詮次本朝諸儒為漢學者，成《漢學師承記》一編，以備國史之採擇。」又江藩子嗣江懋鈞（1788-1851）於《經師經義目錄》跋語中言江藩著錄書籍的原則為：「言不關乎經小學，意不純乎漢儒古訓者，不著錄。」足見，這裡所謂的「漢學」，即是訓詁考據的工夫，且必須是遵承「漢儒古訓」。參見江藩：《漢學師承記》（收入《漢學師承記（外二種）》），卷1，總頁8；〈國朝經師經義目錄〉，總頁178。

8　方東樹：《漢學商兌》，卷中之上引戴震、焦循語，總頁274、278。

9　方東樹：《漢學商兌》，卷上引錢大昕語、卷中之上引汪中語，總頁259、288。

得，非從事字義、名物、制度，無由通其語言」文字云云。若
是，則與程朱固為一家之學矣，茲何又以之為識邪？蓋由其私
心本志，憎忌程朱，堅欲與之立異，故力闢求理之學。大本一
失，無往不差。……程朱所學、所宗之「道」，與「理」、與
「心」，亦未聞別於六經之外而求之也。[10]

程朱以己之意見不出於私，乃為合乎「天理」，其義至精、至
正、至明！何謂「以意見殺人」？如戴氏所申，當體民之情，
遂民之欲，則彼民之情，彼民之欲，非彼民之意見乎？……但
取與程、朱為難，而不顧此為大亂之道也。[11]

從上所引的駁語來看，方東樹似乎未能完全理解乾嘉義理體系。首
先，方氏認為漢學家禁言「理」。除上述引文外，在《漢學商兌》中
屢屢可見其言「厲禁言『理』則自戴氏始」、「戴震禁言『理』」、「今
漢學家，厲禁『窮理』」、「漢學之人，有六蔽焉：其一，力破『理』
字，首以窮理為厲禁」等，[12]然而，事實上漢學家們非禁絕言「理」，
只是其所論之「理」與程朱之「理」不同罷了；不僅如此，戴震《孟
子字義疏正》首論「理」十五條，焦循《雕菰集》亦有〈理說〉一
文，均致力闡明其思想體系之「理」，即是證明。其次，方氏反擊漢
學家批評宋學乃出於「憎忌程朱」，刻意「與程朱為難」，實則「與程
朱固為一家之學」，又將漢學家所主張體遂民之欲、民之情所得之
「理」等同於程朱所論先天至善具於人心的「天理」，顯見對於乾嘉
學者義理思想的理解疏誤。是故，當漢學家抨擊宋學家所主「道」或
「理」的先驗、獨立於實體實事、完滿等特質為空疏之學時，方東樹

10 方東樹：《漢學商兌》，卷中之上，總頁274-275。
11 方東樹：《漢學商兌》，卷中之上，總頁278。
12 方東樹：《漢學商兌》，卷上，總頁260；卷中之上，總頁269、294；卷下，總頁385。

並沒能針對此義理之別作出回應，如言：「程朱言性、言理，皆從身
心下工夫，以日用倫常為實際，何嘗『如風如影』？」[13] 顯然沒有就
理學的超越層面提出辯護，反而從踐履的層面批評乾嘉義理不及程
朱，其曰：

> 漢學家皆以高談性命，為便於空疏，無補經術，爭為實事求是
> 之學，衍為篤論，萬口一舌，牢不可破。以愚論之，實事求
> 是，莫如程朱。……漢學諸人，言言有據，字字有考，只向紙
> 上與古人爭訓詁形聲，傳注駁雜，援據群籍證佐，數百千條。
> 反之身己心行，推之民人家國，了無益處，徒使人狂惑失守，
> 不得所用。然則雖實事求是，而乃虛之至者也。[14]
> 君子先務為急，本末先後要自有不可倒者，如典章名物固是實
> 學，若施于用時，不切事情，如〈王制〉、〈祿田〉、〈考工〉、
> 車製等不知何用，則又不如空談義理，猶切身心也。[15]

漢學家所謂的「實事求是」之學，指的是講求在經驗、形具世界中探
究義理的修養工夫；至於「援據群籍」，則是在此共同趨向下所體現
對於古聖先賢經典的重視，以及隨之而來的歸納、整理方法，均屬工
夫論的一環。誠然，引文中方東樹確實指出了許多乾嘉學者在工夫論
上只專注於典籍名物的考證，造成枉顧「推之民人家國」等經世層面
之弊，且也偏離戴震、阮元由訓詁以明義理之理想，[16] 故而在方氏看

13 方東樹：《漢學商兌》，卷中之上，總頁277。案：「如風如影」之批判，出自〔清〕
　　焦循〈讀書三十二贊・孟子字義疏證〉：「性道之譚，如風如影。」參見氏著：《雕
　　菰集》（臺北市：鼎文書局，1977年），卷6，頁85。
14 方東樹：《漢學商兌》，卷中之上，總頁276。
15 方東樹：〈著書無實用〉，《書林揚觶》，第6，總頁41401。
16 段玉裁〈戴東原集序〉：「先生之言曰：『六書、九數等事，如轎夫然，所以异轎中

來，這些專主名物訓詁的漢學家在現世致用上幾乎沒有任何價值可言。這樣的批評固然有其意義，但卻沒有釐清宋儒與乾嘉漢學在義理思想上的分歧。換言之，乾嘉學者鄙薄的是程朱理學在本體論空疏，而方東樹則是以乾嘉學者工夫論不切實事、流於「虛之至」作為回應，顯然有失焦之嫌。

即使方東樹對乾嘉學者批評的回應失焦，但在思想性格上隸屬程朱立場則仍可見，如對於阮元所言「理必附於禮以行，空言理，則可彼可此之邪說起矣」，反駁曰：

> 不知禮是四端、五常之一，「理」則萬事萬物咸在。所謂禮者，「理」也，官於天也；禮者，「天理」之節文，天敘、天勒云云，皆是就禮一端言。其出於「天理」，非謂「天理」盡於禮之一德。……蓋分言之，則「理」屬禮；合論之，仁、義、知、信，皆是「理」。……「理」是禮之所以然，在內居先，而凡事凡物之所以然處，皆有「理」，不盡屬禮也。……夫言禮而「理」在，是就禮言「理」。言「理」不盡於禮，禮外尚有眾「理」也。即如今人讀書作文，學百藝以及天文、算數、兵謀、訟獄、河防、地利，一切庶務，謂曰須明其理，則人心皆喻；謂曰此皆是禮之意，則雖學士，亦惶惑矣。……此之宗旨，蓋欲紬宋學，與漢學，破宋學「窮理」之學，變《大學》

人也。以六書、九數等事盡我，是猶誤認轎夫為轎中人也。』」收入《戴震集・附錄》（臺北市：里仁書局，1980年），頁452；阮元〈擬國史儒林傳序〉：「聖人之道，譬若宮牆；文字訓詁，其門逕也。門逕苟誤，跬步皆歧，安能升堂入室乎？學人求道太高，卑視章句，譬猶天際之翔，出於豐屋之上，高則高矣，戶奧之間未實窺也。或者但求名物，不論聖道，又若終年寢饋於門廡之間，無復知有堂室矣。」阮元撰，鄧經元點校：《揅經室集・一集》（北京市：中華書局，2006年重印），卷2，頁37-38。

之教為考證之學，非復唐、虞、周、孔以禮垂教，經世之本，並非鄭、賈抱守遺經之意。[17]

清人是在人我之欲、人我之情共同、共通的基礎上論理義，故而講求的是群體生養之欲的滿足、情感過與不及的節制與疏通，落實於人倫日用的行事，便是「禮」的討論。阮元言「理必附於禮以行」，即是出於此意，這同時也是多數乾嘉學者對「理」、「禮」二者關係之理解。[18]至於宋儒所言先天形上的「理」，在這些清儒看來，是無法被落實於具體事物中加以檢驗的，只能由個人自我省視來察識，於是將造成人人自謂得理而拒斥他理的弊端，也就是戴震「以理殺人」之說，焦循「理足以啟爭，而禮足以止爭」[19]及阮元「空言理，則可彼可此之邪說起矣」等論之因。方東樹雖沒有探究阮元等人立論之根源，這段以程朱理學為本的駁語，恰恰突顯了清人與宋儒在「理」、「禮」關係認知上的差別。方東樹言「禮」乃「天理之節文」，實承朱子之意，[20]「天理」是程朱思想中的終極本體，仁、義、禮、智皆是「天理」落實於經驗世界中個別的所以然之「分理」，與「天理」分屬不

---

17 方東樹：《漢學商兌》，卷中之上，總頁293-295。案：方氏引述文字略有刪減。原文參見阮元撰，鄧經元點校：〈書東莞陳氏學蔀通辯後〉，《揅經室集‧續集》，卷3，頁1062。

18 如戴震〈仁義禮智〉：「禮者，天地之條理也。……即儀文度數，亦聖人見於天地之條理，定之以為天下萬世法。禮之設所以治天下之情，或裁其過，或勉其不及，俾知天地之中而已矣。」《戴震集‧孟子字義疏證》，卷下，頁318；凌廷堪〈復禮中〉：「蓋道無跡也，必緣禮而著見，而制禮者以之；德無象也，必藉禮為依歸，而行禮者以之。」《校禮堂文集》（北京市：中華書局，1998年2月），卷4，頁30。

19 戴震：〈與某書〉，《戴震集‧文集》，卷9，頁188；焦循：〈理說〉，《雕菰集》，卷10，頁151。

20 朱熹《論語集注》：「禮者，天理之節文也。」（收入《四書章句集注》，北京市：中華書局，2003年重印），卷6〈顏淵集注〉，頁131。

同層次，因此方氏言「仁、義、知、信皆是理」中的「理」是指「分理」而言，「禮」當然應屬「分理」之列，絕不能逕等同統攝一切「分理」的「天理」，此即方氏強調的「理不盡於禮」、「禮外尚有眾理」之意。本體論的不同，致使在各思想層面上的相左，於此可見。

有趣的是，方東樹在更多的經典詮釋中對乾嘉儒者之見的反駁，透顯出的漢學治學傾向。如《論語》中孔子言「吾道一以貫之」，曾子回應「夫子之道，忠恕而已矣！」[21]的理解，朱子將「一」理解為具有天理賦予聖人內在的本體義，並本於其「一本萬殊」的架構進行理解，認為聖人本於「至誠無息」之渾然道體以泛應萬物而能使萬物曲當適所，此即「一以貫之」之境地；至於曾子所回應的「忠恕」，按朱子之意，只是曾子鑒於此一抽象的本體論述「難言之」，故而藉由渾然一理落實於具體人事中所展現的分殊之理作為曉喻之用。至漢學家阮元則以「行事」解「貫」，強調「身體力行」、「見諸實行實事」，[22]則完全剝除了理學家賦予「一貫」的超越意義，純就道德實踐而立論，這同是漢學家們從具體實踐層面以詮解經典的模式。[23]方東樹雖仍襲朱子之解，但其所採取的方式則是由文字訓詁入手：

> 六經之言，一字數訓，在《爾雅》、《說文》中，不可枚舉，故曰：「詩無達詁」。今據《爾雅》、《廣雅》，訓「貫」為「習」、

---

21 朱熹：《論語集注》，卷2〈里仁〉，頁72。

22 阮元：〈論語解〉、〈論語一貫說〉、〈石經孝經論語記〉，《揅經室集・一集》，卷2，頁169、170、213。

23 如戴震解「一貫」言「上達之道即下學之道」，意即聖人之道是由問學而至貫通行事的工夫，並非訂立一抽象的「理」作為致知的目標，參見氏著：《戴震集・孟子字義疏證》，卷下，頁324-326；焦循則認為「一貫」即「忠恕」，並以「成己以及物」說明忠恕，同是奠基於實有實物上的思考理路，參見氏著：〈一以貫之解〉，《雕菰集》，卷9，頁132-134。

為「行」、為「事」，得矣。而「貫」實有「通貫」之義，《說文·毌部》曰：穿物而持之；「貫」字下曰「錢幣之貫」。又《玉篇》「毌，持穿也」；「貫，事也，條也，穿也，行也。」惡得主一廢一？如《春秋傳》而「矢貫予手及肘」，及「貫革」、「貫魚」之類，不可以「行事」訓，明矣。欲破宋儒之說，並誣聖人之道，其言曰：就聖賢之言而訓之，或有誤焉，聖賢之道亦誤矣。吾請即以其語還質之云爾。要之，此之本意，非解《論語》，乃是攻朱子《補傳》「一旦豁然貫通語」。[24]

從這段文字中，可以明顯地看出，方東樹是從訓詁考據的角度來捍衛朱子「一貫」的詮釋，而非就義理思想的層面進行攻駁；文中所運用《說文》、《玉篇》訓解，引據典籍為證，都是漢學家治學範式，所謂「以子之矛攻子之盾」，[25]實具有一定的攻擊力道。在《漢學商兌》一書中，除了「一貫」的釋讀，包括對於漢學家在「仁」、「克己」的詮解之攻詰，[26]亦同出一轍，呈現的不僅是情緒性的攻駁，同時彰顯的是方東樹崇奉程朱理學、維護宋學在儒門傳承地位之深意，而其運用的策略，則是當時乾嘉治學家所慣用的方式。

二　詰難乾嘉治學工夫

方東樹在詰難乾嘉學者治學方法的論述，是歷來研究者較為重視

---

24 方東樹：《漢學商兌》，卷中之上，總頁300。

25 王汎森：〈方東樹與漢學的衰退〉，《中國近代思想與學術的系譜》（臺北市：聯經出版事業公司，2003年），頁3-22。文中言：「《商兌》一書主要是為宋學辯護，同時攻擊漢學的缺失。在撰寫過程中，方氏時時不忘以子之矛攻子之盾。他不斷地展示自己的考據學素養，然後從內面來攻擊它。」頁11。

26 方東樹：《漢學商兌》，卷中之上，總頁302-310。

的部分。首先，他指出乾嘉考據學者祖述漢代古經訓解之失：

> 言不問是非，人惟論時代，以為去聖未遠，自有所受，不知漢
> 儒所說，違誤害理甚眾。如康成解《詩‧草蟲》「覯止」為
> 「交媾」，此可謂求義理於古經中乎？《史記》引《書》「在治
> 忽」為「來始滑」，伏生今文作「采政忽」，此明為音、字相
> 亂，今人猶曲為解之，此可謂明道者詞乎？……漢學諸人，釋
> 經解字，謂本之古義者，大率祖述漢儒之誤，傅會左驗，堅執
> 穿鑿，以為確不可易。……信乎朱子有言，解經一在以其左證
> 之異同而證之，一在以其義理之是非而衷之。二者相須不可
> 缺，庶幾得之。今漢學者，全舍義理而求之左驗，以專門訓
> 詁，為盡得聖道之傳，所以蔽也。[27]
> 近世漢學考證家好引雜說以證經。輒言其時去古未遠，或其人
> 相及，其地相近，執此以為確據，而不知事之有無當斷之以
> 理，不在年代之近遠、人地之親疏。世固有子孫言其父祖、弟
> 子言其先師，錯謬失實者多矣，安在時地人相近而即可信乎？[28]

方東樹認為解經的標準並不在於時代先後或地域遠近，宜應按朱子所
言，除引據佐證之外，更應「以其義理之是非而衷之」、「斷之以
理」；而考據學者力尊漢代章句，迴護漢人經說、傅會漢代經解，將
致使經義短詘乖謬，徒增穿鑿。徐復觀曾指出清代漢學家的最大缺
點，即在於「完全沒有歷史意識」，缺乏「批判精神」，[29]其所持理由

---

27 方東樹：《漢學商兌》，卷中之下，總頁312。
28 方東樹：〈說部箸書〉，《書林揚觶》，第13，總頁41481。
29 徐復觀言：「清代漢學家最大的缺點之一，即在文字訓詁上，亦完全沒有歷史意
　識，……研究古典而完全缺乏歷史意識，以時代先（漢）後（宋）作價值判斷的標

與方東樹是相同的。方氏的抨擊，不僅在於指出考證學家在治經原則上的泥古之失，且隨後能用大量例證以明所言不誣。如被考據學者視為「小學之祖」的《說文解字》，[30]方東樹則細數其獨尊《說文》的十五項謬誤，並考辨小學於西漢時已興盛，無待於東漢許慎《說文》後才得以識讀古文，故批評：「謂說經者，不可不治《說文》，此同然之論也。揭《說文》以為幟，攘袂掉臂，以為之宗，則陋甚矣！」[31]點出了固守單一家、一代之說的缺失。再如臧琳（1650-1713）作《經義雜記》，專主漢儒文字、聲音、訓詁而訾短魏晉以來師說，備受清儒推崇，[32]對此，方東樹批評這些推崇臧琳的清儒只是「任意標榜，阿好亂道」，將「自詒闇陋之譏」；[33]更進一步指出臧琳解《孟子》、《詩》依漢儒之見造成文義疏誤；方氏徵引各種典籍，從辭氣、義理等各方面提出佐證，其考據之詳並不遜色於考據學者，同時也確實頗能突顯出部分考據學者之疏。

其次，更值得注意的，應是方東樹對訓詁學家們在詮解古籍時所奉行「由聲音、文字以求訓詁，由訓詁以求義理」或謂「由考覈以通乎性與天道」[34]等主張的反駁。方氏認為，即使是考據學者們推尊精

準，更缺乏批判精神。」參見氏著：〈清代漢學論衡〉，《中國學術思想史論集續編》（臺北市：時報文化事業出版公司，1985年2刷），頁564-565。

30 如方東樹引宋鑑〈說文解字疏序〉所言：「《說文》者，小學之祖也。」引孫星衍曰：「《說文》不作，幾於不知『六義』。『六義』不通，唐虞、三代古文不可復識，五經不得其解。」參見《漢學商兌》，卷中之下，頁333、344。

31 方東樹：《漢學商兌》，卷中之下，總頁335-344。

32 如閻若璩（1636-1704）推崇其「一字一句，靡不精確」、段玉裁（1735-1815）則「以為精心孤詣，所到冰釋，發疑正讀，必中肯綮」、江聲（1721-1799）稱言「學識邁軼唐初諸儒之上」。參見方東樹：《漢學商兌》，卷中之下，總頁364。

33 方東樹：《漢學商兌》，卷中之下，總頁362-364。

34 方東樹：《漢學商兌》，卷中之下引錢大昕之言，總頁311；卷中之下引段玉裁尊戴震之言，總頁360。

於名物、制度、訓詁的漢代儒者，不僅不曾表示過相關說法，更遑論能以訓詁通達性與天道；換言之，這是戴震等人「別標宗旨」之說，實是「誕妄愚誣，絕不識世間有是非矣！」[35]針對這「別標宗旨」，方氏言：

> 然考訂聖賢之言，亦以其義理辭氣得之，非必全藉左證。[36]
> 然訓詁不得義理之真，致誤解古經，實多有之。若不以義理為之主，則彼所謂訓詁者，安可恃以無差謬也！……總而言之，主義理者，斷無有舍經廢訓詁之事；主訓詁者，實不能皆當於義理。何以明之？蓋義理有時實有在語言文字之外者。[37]
> 夫訓詁未明，當求之小學，是也。若大義未明，則實非小學所能盡。今漢學宗旨，必謂經義不外於小學，第當專治小學，不當空言義理。以此欲蕘過宋儒而蔑之，超接「道統」，故謂由考覈以通乎「性與天道」，由訓詁以接唐、虞、周、孔正傳。此最異端邪說，然亦最淺陋，又多矛盾也！[38]
> 今之為漢學考證者，專主左驗異同而全置文義不顧，如惠氏、臧氏諸家尤甚。大率理狹而短拙，令人反而求之不得于心，推之事物之理，窒礙而不可推行。[39]

這裡所說的「義理有時實有在語言文字之外」、「大義未明，則實非小學所能盡」、「全置文義不顧」，點出了許多清儒在詮解古籍上方法的

---

35 方東樹：《漢學商兌》，卷中之下，總頁360-361。
36 方東樹：《漢學商兌》，卷中之上，總頁289。
37 方東樹：《漢學商兌》，卷中之下，總頁321。
38 方東樹：《漢學商兌》，卷中之下，總頁334。
39 方東樹：〈箸書說經〉，《書林揚觶》，第11，總頁41465-41466。

侷限。大體來說，清代漢學家詮解古籍的模式，是由單個字詞的訓解，進而為文句的解讀，再組合成整體文本的涵義，亦即是由部分推往整體的單向活動。這樣的詮解模式，在方東樹看來，並不是完整的詮解，原因就在於其忽視了應從義理來檢視字句解釋的合宜性與否，故言：「若不以義理為之主，則彼所謂訓詁者，安可恃以無差謬也！」也就是說，在詮解典籍的過程中，由整體文義以考覈部分文句訓釋，亦是不可或缺的過程。徐復觀即批評清儒由「文字」而「訓詁」而「義理」的工夫，是「缺乏文化演進觀念而來的錯覺」，[40]他認為解釋文獻不僅在於由字、詞的研究推展到全書或全篇之旨，更要由全書或全篇之旨中來考究這些字、詞的訓解，也就是所謂「回到原文獻中去接受考驗」的「反復手續」。而清代考據學者欠缺的正是這「反復的手續」。李明輝曾指出，方東樹「義理有時實有在語言文字之外」的觀點實隱含了當代西方詮釋學所謂「詮釋學循環」（hermeneutischer Zirkel）的概念，[41]在詮釋經典方法的主張上，顯然是更為周全的。足見，無論是徐復觀或李明輝，均在某種程度上間接或直接地肯定了方東樹對乾嘉學者詮解古籍方法的攻訐，而方氏的主張也更有助於古籍的詮釋。

---

40 徐復觀：〈研究中國思想史的方法與態度問題〉，收入氏著：《中國思想史論集》（臺北市：臺灣學生書局，1959年10月），頁4。案徐復觀言：「僅靠著訓詁來講思想，順著訓詁的要求，遂以為只有找出一個字的原形、原音、原義，才是可靠的訓詁；並即以這種訓詁來滿足思想史的要求。這種以語源為治思想史的方法，其實，完全是由缺乏文化演進觀念而來的錯覺。」

41 李明輝：〈焦循對孟子心性論的詮釋及其方法論〉，收入氏著：《孟子重探》（臺北市：聯經出版事業公司，2001年7月），頁69-109，尤其104-109。案：詮釋學具有三個特徵：歷史性、整體性及循環性。關於「詮釋學循環」的概念，當代學者如施萊瑪赫（F. Schleiermacher）、伽達瑪（H. G. Gadamer，或譯為高達美、加達默爾、葛達瑪）等均有相關理論。參見潘德榮：《詮釋學導論》（臺北市：五南圖書出版社，1999年8月）；陳榮華：《葛達瑪詮釋學與中國哲學的詮釋》（臺北市：明文書局，1998年3月）。

再者，方東樹認為考據學者不僅已背離了現實致用層面的需求，且考證的結果並無法成為唯一客觀的通則，其言：

> 漢學諸人，堅稱義理存乎訓詁、典章、制度，而如〈考工〉、車制，江氏有《考》，戴氏有〈圖〉，阮氏、金氏、程氏、錢氏，皆言車制，同時著述，言人人殊，訖不知誰為定論？……竊以此等，明之固佳，即未能明，亦無關於身心性命、國計民生、學術之大。[42]

考據學者標榜言出有據、引證群籍的問學工夫，在方東樹看來，潛存著一無法解決的問題，如引文中所舉之例，諸位漢學家均曾考究過〈考工〉、曾作古代車制的相關著述，但最後卻沒有一致的見解，造成「言人人殊，訖不知誰為定論」的窘境，顯示這套驗證方法並不能獲得一確切不移的客觀結論；王汎森先生即稱此現象為漢學考證所面臨的一個「典範危機」。[43]

由此看來，方東樹對清儒治學方法泥古、以及詮解古籍疏陋、不切致用的針砭，確實頗能突顯出乾嘉漢學興盛後仍有待解決的問題；同時，也顯示出方氏對於乾嘉治學工夫有一定程度的掌握與理解，甚至運用考辨的方式來駁斥考據學者的主張，成為一有力的攻擊。

三　乾嘉「故訓明理」與程朱「格物致知」

方東樹在批判乾嘉漢學的過程中再三突顯格物致知以窮理在尋求孔門聖道中的重要性，同時展現自身在訓詁文字、考據典籍的工夫，

42　方東樹：《漢學商兌》，卷下，總頁405。
43　王汎森：〈方東樹與漢學的衰退〉，頁12。

雖彰顯了具體的積累漸進工夫以避免心學家向內省察心性而流於玄虛狂肆，且對清考據學的詰難發揮了一定的成效，但卻同時削弱了朱子探求聖道中講求由工夫層面以獲致本體之步驟，換言之，程朱理學中具超越義的部分未得彰顯。

換言之，方東樹所闡揚的程朱之學，已非宋明時期之全貌；或者說，方東樹受當時所處時代學風影響，有意識地從程朱理學內部進行擇取的工作所呈現的。方東樹雖嚴厲地攻擊訓詁，但並不表示其否決訓詁在治學工夫中的必要性。按方氏所宗主的程朱理學，在「理一分殊」的架構下，典籍是反映先聖先賢言行在世界的展開與實踐，治學者應透過平實的考究字句工夫以窮得各個分殊之理，經過長久的積累，才能豁然貫通的達到「眾物之表裏精粗無不到，吾心之全體大用無不明」，[44]即「理一」（所謂「統體一太極」）的境界。因此，朱子也肯定經典的價值，亦重視文句訓詁，其宏富的經學著作即是證明，只是這些工夫最後仍是在於證成這些個別之理皆是整體之理的展現，而這個先天具於心、完全自足的整體之理的體證貫通，才是朱子的終極目標。清儒則以人倫日用無失為「道」，事理原則無所差謬謂之「理」，皆是奠基於現實世界，而人心只有辨之、悅慕理義之能，並沒有一種先天完滿具存於心的「道」或「理」；是故，歷史文獻、經典文本中所載仁義禮之道便是人心辨之、悅之的對象，是問學的目標，識得經典中的義理，即已是終極的義理，沒有所謂體證「先天之理」的問題。這是程朱理學與清儒義理在工夫論上的最明顯不同。同時也是縱使朱子亦強調問學、亦從事注經，但在戴震看來，實是「詳於論敬而略於論學」的。[45]誠然，戴氏的批評自有其義理根源，而本節所關注的焦

---

44 朱熹：《大學章句》，（收入《四書章句集注》），總頁7。
45 戴震：〈理〉，《戴震集‧孟子字義疏證》，卷上，頁280。案戴震言：「程子、朱子為
　氣稟之外，天與之理，非生知安行之聖人，未有不污壞其受於天之理也，學而後此

點不在於衡定程朱之學與戴學的優劣高下，而是要說明格究典籍的工夫在二者思想中有著不同的位階：程朱理學所論的經籍訓解，乃在探究「分殊之理」，這是修養工夫的先行過程，另還要加上抽象的自覺體證工夫（即「涵養須用敬」），才能掌握其終極之「理」，且自覺體證的工夫不僅是必須的，更應是主要的工夫；而清儒義理學所言考據典籍工夫後所得之「理」，即是其探求的終極之「理」。

方東樹並沒能深究典籍考據在乾嘉漢學與程朱理學工夫論中所代表意義的不同，反而受此一學風影響，因此屢屢強調朱子亦重經典、訓詁、講求積累漸近，[46]以此攻擊心學在落實踐履層面的流弊，同時也以此因應漢學家對宋學自覺體證工夫的批評。這些論述固然無誤，但卻只呈現了宋學工夫論中探求「分殊之理」的部分，至於更重要的自覺體證「終極之理」的部分，反而不見方東樹著墨。甚至，在方東樹看來，朱子所論典籍訓詁與清儒所主的訓詁並無二致，其言：

> 考凡漢學家所有議論，如重訓詁，斥虛空墮禪學，皆竊朱子之緒論。而即用以反罪之，增飾邪說，失真而改其面目又一局矣！[47]

理漸明，復其初之所受。是天下之人，雖有所受於天之理，而皆不殊於無有，⋯⋯今富者遺其子粟千鍾，貧者無升斗之遺；貧者之子取之宮中無有，因日以其力致升斗之粟；富者之子亦必如彼之日以其力致之，而曰致者即其宮中者也，說必不可通，故詳於論敬而略於論學。」

46 如言：朱子「不廢漢魏諸儒訓詁名物」、「程朱固未嘗舍六經而為學也」、「程朱言性、言理，皆從身心下工夫，以日用倫常為實際」、「朱子訓詁諸經，一字一句，無不限極典謨」、「朱子非廢訓詁、名物不講，如漢學諸人所訾謗也」、「朱子教人為學，諄諄於漢、魏諸儒正音讀，通訓詁，考制度，釋名物，以為當求之注疏，不可略」。參見：方東樹：《漢學商兌》，卷上，總頁257；卷中之上，總頁274、277；卷中之下，總頁359；卷下，總頁381、393。

47 方東樹：《漢學商兌》，卷下，總頁403。

漢學諸人，所擅為絕學以招於世者，如訓詁、小學、天文、算
術、名物、制度、輿地、考史，實皆《大學》始教「格物窮
理」條目中之事。陰行其實，而力攻其說，如人亟資於布帛菽
粟，而忘言衣食之名，因痛斥之。豈惟用罔，抑亦不惠矣！[48]

方東樹言程朱的「道」、「理」、「心」皆於六經中求之，顯然只涉及了
程朱理學中的「分殊之理」，而忽略了統攝一切「分殊之理」的「天
理」。或者可說，方東樹雖然宗主程朱理學，但為反駁乾嘉學者的攻
訐並貶抑陸王心學，故而刻意突出宋學具體考究「分殊之理」的工夫
以與之回應；而當方氏言漢學家「竊朱子之緒論」、「陰行其實，而力
攻其說」，意指清儒考據工夫是襲自程朱理學，這樣的批評，不僅可
看出其對乾嘉義理思想及工夫論理解的疏誤，且也無法真正呈顯出程
朱理學的全貌，對於在儒學道統地位的爭勝反而是沒有助益的。

第二節　辨陸王以歸程朱：攻駁陸王心學

方東樹之所以反乾嘉漢學，一方面在於所獨契的宋代儒學所享有
傳承道統的必然優勢遭到以戴震為首的乾嘉學者嚴峻挑戰；另一方面
則不滿於江藩所撰《國朝漢學師承記》倡議「純乎漢儒訓詁」的治經
工夫。在方東樹論學的激切用語及不時出現近於詆詬言詞的背後，實
含藏著亟欲扭轉學術發展的企望。誠然，從方東樹《漢學商兌》中駁
斥乾嘉儒者之論確實是考究其學術思想的鮮明途徑，但抨擊乾嘉漢學
卻非方氏學術表出的唯一方式，應視為其思想中的一面而非全貌，且
《漢學商兌》亦不是方東樹唯一儒學相關著作；因此，本節擬擴大考

48　方東樹：《漢學商兌》，卷下，總頁404。

察方東樹的儒學相關著作，包括〈辨道論〉、《跋南雷文定》及《攷槃集文錄》中相關書信雜文等資料，爬梳方東樹在自覺的承繼程朱前提下所呈顯出的思想意涵，尤其方東樹以程朱之學回應陸王學派的批判、對陸九淵與王陽明之學的評述，以及攻詰黃宗羲（1610-1695）尊王陽明、劉宗周（1578-1645）之論等問題進行探究，這些不僅能尋繹出方氏對程朱之學內涵的掌握問題，同時更可進一步檢視方氏的辯駁是否真能呈顯程朱學派立場或實已走向另一學術型態，由此勾勒出方東樹理學思想展現於反乾嘉漢學之外的另一側面，以建構出其更完整的理學思想。

　　本節將依下列三點進行論述：首先，透過方東樹相關著作以分析其反陽明學的原因。方氏自詡為程朱之學的捍衛者，主張宋學為儒家道統的嫡傳，因此方氏諸多著作不僅回應乾嘉儒者對程朱理學的抨擊，同時亦處理陽明學派對朱子的非議。其次，歸納方東樹反陽明學的內容，包括義理思想、工夫論；以及被視為承繼陽明學的劉宗周之批評，這些內容牽涉到方氏對陸王之學、蕺山學思想的理解，以及方氏捍衛程朱之學成效的衡定。最後，藉由前述的基礎，嘗試論究方東樹儒學思想在程朱、陸王之爭中所代表的困境與意涵。

一　反陸王之因

　　方東樹生平讀書論學獨宗朱子之言，早已於後人所作《年譜》、《文集》序文中指出，[49]其極尊以程朱為首的宋儒能一掃自漢代之後

---

49 參見方宗誠：〈儀衛先生行狀〉，方東樹：《大意尊聞》（收入《四庫全書未收輯刊》，第6輯，北京市：北京出版社，1997年清同治5年刻本，第15冊），頁314上；鄭福照：《清方儀衛先生東樹年譜》，頁1；蘇惇元：〈儀衛方先生傳〉，收入方東樹：《儀衛軒文集》（清同治年間刊本，中央研究院歷史語言研究所傅斯年圖書館

諸儒虛妄謬說，廓清孔子之道，所謂「得聖人之真」、「如撥雲霧而睹日月」、「徹上徹下，不隔古今」，成為「後世有所折衷師仰，以為斗極」；[50]不僅強調程朱之學辨明經典義理，提供後學士人行事典範，更顯揚孔、孟微言至道，是儒家的道統嫡傳，也就是所謂的「繼鄒魯而明道統」之意。[51]

　　方東樹曾在〈辨道論〉一文中，說明闢除學派論說的原則。首先，論析自宋明以來許多儒者「闢佛」，言：「佛不可闢乎？闢佛者，闢其足害乎世也。佛可闢乎？害乎世者，其人未可定也。世之闢佛者，夷佛於楊、墨矣。」[52]足見，方東樹所要闢除的對象，是「害乎世者」，正如孟子所闢除楊、墨之道危害天下一般。所謂「害乎世者」，則是按時代、環境之不同而定，因此，佛家是否應納入闢除範圍，亦以此為衡定。接著，方東樹指出，唐代韓愈（西元768-824年）作〈原道〉，乃肇因於當時「自天子公卿皆不本儒術，士大夫之賢智者惟佛、老之崇」；歐陽脩（1007-1072）作〈本論〉則緣於「佛學方熾，聖教未明」，二人皆是承孟子闢除「害乎世者」之精神。[53]依此，方氏明確地表示其論說立場：

藏），頁1；馬其昶：〈方植之先生傳〉，《桐城耆舊傳》（臺北市：文海出版社，1969年），第110，頁621；趙爾巽等編：《清史稿》（臺北市：新文豐出版公司，1981年），卷486，頁1507；〈儒林傳・上〉，《清史列傳》（臺北市：中華書局，1964年），卷67，頁52-53；徐世昌等編纂：〈惜抱學案下・方先生東樹〉，《清儒學案》（北京市：中華書局，2008年10月），卷89，頁3527。案：蘇惇元：〈儀衛方先生傳〉亦收入《攷槃集文錄》（《續修四庫全書》，影印道光13年管氏刻本，第1497冊），頁222。

50 方東樹：〈漢學商兌序〉、〈漢學商兌後序〉、〈辨志一首贈甘生〉、〈合葬非古說〉，《攷槃集文錄》，卷2，頁280上；卷4，頁300上、頁300下-301下；卷8，頁385上。

51 方東樹：〈著書傷物〉，《書林揚觶》，收入嚴靈峰編：《書目類編》（臺北市：成文出版社，1978年5月影印蘇州文學山房排印本，第92冊），第8，總頁41422-41423。

52 方東樹：〈辨道論〉，《攷槃集文錄》，卷1，頁224上。

53 方東樹：〈辨道論〉，《攷槃集文錄》，卷1，頁225上。

故君子立言，為足以救乎時而已。苟其時之蔽不在是，則君子
不言。……故凡韓子、歐陽子之所為闢乎佛者，闢其法也。吾
今所闢乎佛者，闢其言也。其法不足以害乎時，其言足以害乎
時也，則置其法而闢其言；其言亦不足以害乎時，而為其言
者，陽為儒，陰為佛，足以惑乎儒，害乎儒，其勢又將使程朱
之道亂而不復明也，則置其佛之言，而闢其立乎儒以攻乎儒之
言。[54]

上述引文，可看出方東樹以「救乎時」為論辯的考量基礎，至於闢除
的對象，在他看來，顯然不是佛家之言，而是「立乎儒以攻乎儒之
言」者。[55]

　　方東樹論析程朱、陸王、乾嘉漢學三者差異：

以孔子為歸，以六經為宗，以德為本，以理為主，以道為門，
旁開聖則，蠢迪檢押，廣而不肆，周而不泰，學問之道有在於
是者，程、朱以之。以孔子為歸，以六經為宗，以德為本，以
理為主，以道為門，以精為心，以約為紀，廣而肆，周而泰，
學問之道有在於是者，陸、王以之。以六經為宗，以章句為
本，以訓詁為主，以博辨為門，以同異為攻，不概於道，不協
於理，不顧其所安，騖名干澤，若飄風之還而不儻，亦闢乎
佛，亦攻乎陸、王，而尤異端寇讎乎程、朱。今時之蔽，蓋有

54　方東樹：〈辨道論〉，《攷槃集文錄》，卷1，頁225下。
55　《清史稿》載方東樹晚年耽悅於禪，參見《清史稿》，卷486，頁1507。按本文疑
　　《清史稿》此作是受〈辨道論〉一文中部分文字所誤導。依本文分析，這段文字在
　　說明的是方東樹闢除學派論說的原則；而方東樹不闢佛之因，並非親近佛學，而是
　　盱衡當時天下學風並非墮於禪學。且考察方氏其他著作，亦少見有涉及佛學之見；
　　後人所撰方東樹傳記、年譜等生平資料，亦不見有如《清史稿》之說。

在於是者，名曰考證漢學。[56]

方東樹視程朱、陸王同以孔子為依歸、宗述六經，且對於推闡至道、義理的目標是一致的，而二者差異之處，乃在於修養工夫途徑之別；至於乾嘉漢學，則專主章句訓詁，干求名祿而疏於考究義理，攻詰一切異己，尤其以抨擊程朱為甚。

（一）防漢學釀末轉歸陸王

方東樹力闢陸王的相關論述，主要集中於〈辨道論〉與《跋南雷文定》二作。在記述方氏諸作的傳記資料中，均曾記載，如：

> 先生又嘗懼漢學之變將為空談性命，不守孔子下學上達之序，預為〈辨道論〉防其趨。[57]
> 乾嘉閒學者崇尚攷證，專求訓詁名物之微，名曰漢學，穿鑿破碎，有害大道，名為治經，實足以亂經，又復肆言攻詆朱子。道光初，其焰尤熾，先生憂之，乃箸《漢學商兌》，辨析其非，書出遂漸熄；又箸〈辨道論〉、《跋南雷文定》以砭姚江、山陰之疵。[58]

按此所記，則無論是〈辨道論〉或《跋南雷文定》，均作於《漢學商兌》之後，其目的在於預阻當時學風由專求訓詁名物轉而崇尚陸王空

---

56 方東樹：〈辨道論〉，《攷槃集文錄》，卷1，頁225下。

57 方宗誠：〈儀衛先生行狀〉，收入方東樹：《大意尊聞》，頁315上。

58 蘇惇元：〈儀衛方先生傳〉，收入方東樹：《儀衛軒文集》，頁1。案：繼方宗誠、蘇惇元後，鄭福照：《清方儀衛先生東樹年譜》，頁32；〈惜抱學案下·方先生東樹〉，《清儒學案》，卷89，頁3527，亦承此說。

談性命之學。方東樹認為，漢學末流戕害世教學術更甚於陸、王心學，[59]而漢學末流之弊，當時天下學者極易省悟，故當省悟漢學粗疏而厭棄後，很容易將轉歸陸王之學：

> （漢學攷證）其為說以文害辭，以辭害意，弃心而任目……。然而吾姑置而不辨者，非為其不足以陷溺乎人心也，以為其說麤，其失易曉，而不足辨也。使其人稍有所悟而反乎己，則必翻然厭之矣。翻然厭之，則必於陸、王是歸矣……。陸、王者，其說高而可悅，其言造之之方捷而易獲，人情好高而就易，又其道託於聖人，其為理精妙而可喜。託於聖人，則以為無詭於正；精妙可喜，則師心而入之也無窮，如此，則見以為天下之方術真無以易此矣。[60]

這段文字可說是方東樹自述作〈辨道論〉以闢陸王之學的原因。他認為由於陸王心學所標榜立意精妙、工夫便捷易行正切合對於枉顧義理、講求繁瑣博辨的考證漢學有所悟而「翻然厭之」者所喜，所以必將形成繼乾嘉漢學之後的另一學風，這是方東樹所不樂見的。在復明程朱之道的職志下，方氏將辨明陸王之異視為是「救乎敝」的工作：

> 吾為辨乎陸王之異以伺其歸，如弋者張羅於路歧也，會鳥之倦而還者，必入之矣。曰天下之是非亦無定矣，陸王既以其道建於天下，而吾方從而是非之，其謂吾之是非為足以定乎彼之說邪？雖定其說矣，庸詎有毫末增損於道乎哉！然而不得已而辨

---

59 方東樹〈辨志一首贈甘生〉：「國朝學人有鑑乎明人之空疏，舉為攷證漢學，其末流之害，乃至忘其身心禮義名節，其失又甚於空疏。」《攷槃集文錄》，卷8，頁385上。

60 方東樹：〈辨道論〉，《攷槃集文錄》，卷1，頁225下-226上。

之者，君子之立言，為救乎敝而已。[61]

即使方東樹自言其辨說不足以成為陸王之學是非之定論，亦無增損於
聖道，然而卻仍須闢除陸王之歧異，以使儒術定程朱於一尊。所謂
「辨乎陸王之異以伺其歸」，正是方東樹所自詡君子立言之目的。

（二）反黎洲暗張姚江門戶

　　方東樹除了作〈辨道論〉以訾議陸王之學外，另針對黃宗羲推尊
陽明、蕺山之學亦有辯詰，主要集中於《跋南雷文定》一書，在書中
首先即表示：

> 嘗謂黃東發、黃太沖、顧亭林，立身大節，學問根柢，不愧通
> 儒。但皆不免以博溺心，不肯細心窮理，潛玩程朱，所以議論
> 多有差失，其流皆足為學術大害。……余固不得不辨。[62]
> 黎洲……其學於山陰而阿其一師，欲以淆是非之公，是則斯文
> 所不敢與也。其輯《明儒學案》，既陽儒陰釋，暗張姚江門戶以
> 罔道迷人，而其意恉要歸尤莫著於所作《蕺山文集》一序。[63]

即使黃宗羲被時人尊為「通儒」，對其學行予以高度肯定，然而方東
樹卻批評黃宗羲曲從其師劉蕺山之學已淆學術是非公允，又輯《明儒
學案》以「暗張姚江門戶以罔道迷人」，這些差訛之論，影響所及，
將造成「學術大害」。因此方氏擇取黃宗羲文集《南雷文定》中諸篇

---

61 方東樹：〈辨道論〉，《攷槃集文錄》，卷1，頁226上。
62 方東樹：《漢學商兌》，卷中之上，總頁270。
63 方東樹：《跋南雷文定》（收入《叢書集成續編》，臺北市：新文豐出版公司，1989
　　年影印宣統元年《山房叢書》，第42冊），序言，頁287。

彰顯陽明、蕺山之文加以辯駁，作《跋南雷文定》一書。全書共條錄黃宗羲〈先師蕺山先生文集序〉十九則、〈坿章格菴行狀〉一則、〈坿湯潛菴與黎洲書〉七則、〈坿辨南雷文定移史館論不宜立理學傳書〉二十五則，於引文後撰駁語辨明。方氏曾於該書完成後，致書友人姚瑩（1785-1853），文中言：

> 近為一書，辨劉念臺先生之學極知瞀妄，然亦自有說矣。……陽明以朱子學於事物支離，困苦難成而不得其本，故提出良知，以為道之本原在吾心，而不在外物，以是果得受用，果成大功。……揆之人情，夫豈能必此？不導人為猖狂妄行，流為惑世誣民不可得也。……今山陰竊其意而諱其名，移以歸之慎獨，其形似是，及攷其所以為說，絞繞蔽昧，使人不得。……所以前人諸有知學明理憂世者，咸慮其有生心害事之失而力辨之，不敢以之易程朱之教者在是也。是故以歐陽永叔正統論推之，則陽明者既不能居天下之正，又不能合天下於一，而胡能漂程爐朱而息眾說、定眾志也。不然樹豈不知王、劉高名縣日月，而敢輕為蚍蜉之撼以自絕哉！[64]

這段文字主要應是就黃宗羲〈先師蕺山先生文集序〉一文所作駁語的說明。方東樹批評陽明良知之教惑世誣民，使後學者陷於狂妄肆行，不足以為人所法；至蕺山則暗承陽明而易為慎獨之學，將更貽誤天下之教。因此，即使陽明、蕺山「高名縣日月」，仍須力辨以防其取代程朱之教。由此看來，方氏不僅排拒陽明學術本身，且凡論學有資取於陽明者，一切有助於陽明學術流衍、危及程朱正統地位者，均為闢斥之列。

64　方東樹：〈與姚石甫書〉，《攷槃集文錄》，卷6，頁367下-368下。

二 辨陸王以歸程朱

　　雖然方東樹拒斥陸王之學的程度不及其拒斥乾嘉漢學，且亦將陸王歸於孔門中，但方氏仍將陸王視為「狂狷」之屬，並認為儒學自朱子後步入頹勢，乃始於陽明，[65]自然必須加以針砭。首先，方東樹辨明陸王與程朱之別，指出陸王乃「最近於禪者」，[66]又言：

> 陸王、程朱同學乎聖，同明乎道，同欲有以立極於天下，然而不同者，則所從入有頓與漸之分也。……猶箕子所傳「高明」也，「沈潛」也。程朱者取於漸，陸王者取於頓，頓與漸互相非而不相入，而不知其原於「三德」也。人之生，得全於陰陽之性者，聖人耳，惟聖生知似頓，而不可以頓名也。其次，不毗於陽則毗於陰。其性如火日之光而無不照也，而稍速則毗於陽者也，是頓也；其性如金水之光而無不照也，而稍遲則毗於陰者也，是漸也，則皆次於生知者也。[67]

方東樹認為，陸王、程朱追求聖學至道的終極理想是一致的，二學派的差異之處乃在於入手途徑之別：一則為「頓」，一則為「漸」。所謂「頓」、「漸」，方氏將之喻為《尚書‧洪範》中君主「三德」之「柔克」、「剛克」所執「高明」、「沈潛」的應對方式，[68]也就是指工夫進

---

65 方東樹：「蓋陸、王雖有病痛，若在孔門，亦邀狂狷之與，未可以末學之見，輕欲裁簡。」《漢學商兌》，卷上，總頁252；又〈重編張楊園先生年譜序〉：「且自朱子而後，學術之差啟於陽明。」《攷槃集文錄》，卷4，頁315上。

66 方東樹：《漢學商兌》，卷下，總頁390。方東樹言：「朱子同時，最近於禪者，莫如陸子敬；而子敬固與朱子異頓、漸之學者也。程朱之後，最近禪者，莫如王文成。」

67 方東樹：〈辨道論〉，《攷槃集文錄》，卷1，頁226上-226下。

68 參見孔安國傳，孔穎達正義：《尚書正義》，收入《十三經注疏本》（臺北市：藝文印書館，1993年12刷），卷12，頁174。

路的不同。方氏進一步分析人所秉賦之才性表現於從學之途有三：
「得全於陰陽之性者」為聖人；再者則是偏傾於陽而悟理進路較速
者，即「頓」；再次者則是偏傾於陰而悟理進路稍緩者，即「漸」。依
此，除了生即知之的聖人之外，其餘皆待學以「頓」或「漸」臻聖
道，而陸王與程朱之分，即在於「頓」、「漸」。

　　其次，方氏指出孔子立教，乃建基於「漸」：

> 然而孔子立教，頓非所以也；孔子立教，必以漸焉。《論語》
> 曰：「吾十有五而志於學，三十而立……」《中庸》曰：「君子
> 之道，譬如行遠必自邇，譬如登高必自卑。」其列誠之目五：
> 曰博學之，審問之……。顏子之照，鄰於生知矣，而夫子教
> 之，必曰博文，必曰約禮。及顏子既見卓爾，而追思得之之
> 功，歎以為「循循然善誘人」。則夫子立教，不惟頓之以，而
> 惟漸之以，亦明矣。[69]

方東樹引《論語》中〈述而〉篇孔子自述為學進境、《中庸》論為學
積累漸進工夫，以及孔門弟子中資質居冠且近於生而知之的顏回猶受
孔子「博文」、「約禮」之教，尚且言孔子乃「循循然善誘人」等，[70]
證明孔子所建立為學工夫是採「漸」為基礎。換言之，主張由「漸」
以致聖道的程朱之學，才是孔門傳承之正統。方東樹並分析陸王以
「頓」致聖道非眾人所能及：

> 並曾子而聞一貫者惟子貢，而子貢之言「夫子曰性與天道，不

69　方東樹：〈辨道論〉，《攷槃集文錄》，卷1，頁226下。
70　方東樹所引據之文，參見《論語集注》，卷1〈述而〉，頁54、卷5〈子罕〉，頁111；
　　《中庸章句》，頁24、頁31。

可得而聞也。」故以實則顏淵、子貢賢於陸、王，以跡則陸、王賢於顏淵、子貢。且夫由顏淵、子貢而至陸氏，是千年而後生也；由陸氏而至王氏，是數百年而後見也。古今學者不絕於中，則漸之所磨以就者多也。漸者，上不至顏淵、子貢，而不至欲從而末由；下不至下愚，亦可攀援而幾及。是故程、朱之道為接於孔門之統者，惟其漸之足循，而萬世無弊也。[71]

在此，方東樹再以孔子弟子為例，說明孔門立教不從「頓」之因。他認為，曾子與子貢是孔門中得聞「一貫」之道者，而子貢卻曾言「夫子曰性與天道，不可得而聞也。」[72]顯示孔子教授弟子，非逕以性理天道等玄虛之言入手，且子貢亦未能以之教人傳予後世。按此來看，則顏淵、子貢稟賦才性雖賢於陸王；然以縱論性理天道言，陸王似勝於顏淵、子貢。又從孔門傳衍的歷史來看，自顏淵、子貢之後千年才得有象山，自象山後數百年才得有陽明，足見能以「頓」致聖道的上智者鮮少，其間多數儒者乃由漸進砥磨以及之。是故，孔門設教勢必以天下多數「上不至顏淵、子貢」，「下不至下愚」者為法，循序漸次以達聖門。是以程朱之道實為最能上承孔門之學而無弊者。

方東樹由此進一步論析陸王之弊，如前文所指，方氏批評陸王為「最近禪者」，甚至言讀王陽明《傳習錄》一書「機鋒敏快，足以接引學者啟悟人心，機可並孟子，亦由得力于禪家作用也。」[73]其視陸王之學以儒學之名而流於禪，遂晦於人心道心、混淆知行之序、貽誤立教之則。

---

71 方東樹：〈辨道論〉，《攷槃集文錄》，卷1，頁226下。

72 關於曾子、子貢言「一貫」之道記載，參見《論語集注》，卷2〈里仁〉，頁72；卷8〈衛靈公〉，頁161。

73 方東樹：〈語錄箸書〉，《書林揚觶》，第12，總頁41474。

（一）晦於人心道心

方東樹認為王學之誣，首要在於對人心、道心的詮解：

> 《書》曰「人心惟危，道心惟微」，人心道心竝舉為辭者，堯、舜之言也。程子之言曰：「人心即人欲，道心即天理。」朱子之言曰：「道心常為主，而人心聽命焉。」二子之言，一家之說耳。今王氏於程子則是之，於朱子則非之。……今其言曰：「人心之得其正者為道心，道心之失其正者為人心。安有天理既為主，而人欲復從而聽命？」嗚呼！是欲明人心道心之非二，以就其轉識為知之指，直所言之迂晦有不可解耳。儒者之於心也，見為二而主於一，見為二，故有聽命之說。佛氏之於心亦主於一而見為一，見為一，故有迷悟之言。王氏之於佛，則可謂同與！……且夫王氏之學，既以全乎佛，而又必混於儒。……聖人者，動而處乎中；賢人者，求而合其中，故曰：雖有上聖不能無人心，惟退而聽命焉，斯發而中節耳。且夫動而處中者，不數數也，古者謂之天而不人，今欲以此為學者率，使天下法，則是性無三品也。[74]
>
> 或又謂：心一而已，安有「人心」、「道心」？此語尤昧！今試詰彼所謂心一而已者。果何等之一心也？若以為皆「道心」與，則斷不可謂古今天下皆聖賢；若以為皆「人心」與，亦斷不可謂天下古今皆邪慝。若以為不屬道邊，亦不屬人邊，粗則如告子之知覺運動，與禽獸同焉者是。精則正墮向禪學「即心是道」，及陽明「本心」、「良知」之說。……嘗試論之，以為禪家「即心是道」，與陽明「本心」、「良知」，大略亦皆是「道

---

74 方東樹：〈辨道論〉，《攷槃集文錄》，卷1，頁227下-228下。

心」一邊……然則聖人之道,所以異於禪學者,其歧違偏全之
爭,政在此處。程朱所喫緊為人,講切發明,分別疑似者,亦
政在此處。[75]

程朱據《尚書‧大禹謨》中「人心惟危,道心惟微,惟精惟一,允執
厥中」[76]建立儒家心傳道統,成為理學家們所共遵之則。然而程朱與
陽明對此「十六字心傳」內涵之理解則有不同:大體而言,朱子認為
心有「人心」、「道心」之異,以「人心」生於「形氣之私」,故危
殆;「道心」乃「原於性命之正」,故精微。為學者必須精察二者而不
雜,固守心之正,「必使道心常為一身之主,而人心每聽命焉。」對
於個人修養來說,必須深究外在萬物之理以求內心貫通至善天理,此
即程朱所持修養工夫觀點。[77]陸王則批評朱熹分人心、道心為二,將
使道德本體隱晦不明,聖學與工夫截為二橛,陽明主張心外無理、心
即理,所謂「人心之得其正者即道心,道心之失其正者為即人心」,
是以講求的修養工夫是對本心的涵養,即「只在此心去人欲存天理上
用功」。[78]對此,方東樹認為王陽明僅為求符合自身「人心道心之非

---

75 方東樹:《漢學商兌》,卷中之上,總頁264-266。

76 孔安國傳,孔穎達疏:《尚書正義》,卷4,頁55。

77 程頤:「人心,私欲也;道心,正心也。『危』言不安,『微』言精微。惟其如此,
所以要精一。」程顥、程頤:〈伊川先生語五〉,《二程遺書》(上海市:上海古籍出
版社,2000年12月),卷19,頁309-310。朱子〈中庸章句序〉:「心之虛靈知覺,一
而已矣,而以為有人心、道心之異者,則以其或生於形氣之私,或原於性命之
正,……二者雜於方寸之間,而不知所以治之,則危者愈危,微者愈微,……精則
察夫二者之間而不雜也,一則守其本心之正而不離也。從事於斯,無少間斷,必使
道心常為一身之主,而人心每聽命焉,則危者安,微者著……。」《中庸章句》,頁
14。案:朱子對人心的理解早期雖同於伊川,但後有不同,惟此處限於篇幅無法詳
疏,此處僅依朱子之言為主要論述。

78 陸九淵:「心一也,人安有二心?自人而言,則曰惟危;自道而言,則曰惟微。」
陸九淵撰,王宗沐編:〈語錄上〉,《象山先生全集》(臺北市:世界書局,2010

二」之說，卻不明程子與朱熹思想一致之處，故而有是、非不同的迂晦之論；且論心「主於一而見為一」者屬佛家「迷悟之言」，準此而言，王陽明學說實同於佛家卻冒混於儒學之中，將危害後世儒者。方氏闡發程朱之論，以為凡人之生皆兼有人心道心，不可謂全然盡隸於「道心」，正如古今天下人皆非聖賢；亦不可謂全然盡隸於「人心」，正如古今天下人皆非邪慝之人。陽明的「本心」、「良知」之說，正是以為人「皆是『道心』一邊」，此即有別於程朱之處，而歧異偏全之爭亦由此而發。程朱之學主張人稟氣、理而生成形體、心性，故兼有人心、道心，若聽任人欲恣肆而任其發展，即人心不受道心節制，必將使人流於不善，因此，所謂道心為主、人心聽命，即指應使道德意識主宰一切思想、言行，而個人情欲需受命於道德觀支配，如此方能動靜合宜，無過與不及之弊。天下之人唯稟賦資質近於天之聖人能夠「動而處中」，其次之賢者則是「求而合其中」，顯見此修為工夫非眾人能一蹴而及，若按王陽明遽以聖人之境為法，是疏於察悉人的才性差異。

　　方東樹又論析孟子所言「失其本心」、「陷溺其心」，以及心「出入無時」[79]之意涵，再次否定了陸王心學的正當性，由此以呈顯陸王的治學入手不免有所偏失，方東樹指出：

　　　　孟子言本心云者，指道心而言之也。其言放而不知求，則人心也。人心乍出乍入，實止一心也。……程子之意，則謂出入也

年），卷34，頁252。陽明：「心一也，未雜於人謂之道心，雜以人偽謂之人心，人心之得其正者即道心；道心之失其正者即人心，初非有二心也。……今曰道心為主，而人心聽命，是二心也。」王守仁：《傳習錄・上》（收入王守仁著，王曉昕、趙平略點校：《王陽明集》（北京市：中華書局，2016年），卷1，頁7。

79 有關孟子之言，參見朱熹：《孟子集注》，卷11〈告子上〉，頁329、頁330-331、頁333。

者，以操舍而言之也，心固無出入也。……堯、舜、孔子以道
心、人心出入言之，其為解至確，而其為方甚密，惟不敢忽乎
人心也。有人心而後有克治，有克治而後有問學，有問學而後
有德行。勤而後獲，及其獲之也，貞固不搖，歷試而不可
渝。……夫惟不能無人心故曰危，惟不能常道心故曰執。今
曰：「道心之外，不可增一人心也。」又曰：「天理在吾心，本
完全而無待於存也。」嗚呼！談亦何容易耶？未嘗反躬，故言
其誣；未嘗用力，故言其僭而不可信。[80]

或又謂：孟子曰：「仁，人心也。」是人心不可指為欲心。此
語更誤。夫孟子此言，探其本始言之，即「性善」之旨，所謂
「道心」也。然固不可謂一切人之心，皆全於仁而無欲也。故
又嘗曰：「失其本心」，「陷溺其心」。夫陷溺而失之者，即欲
心、人心也。……惟夫人心本仁，而易墮於人欲之危，是以聖
人既自精擇，而守之以執其中，又推以為教於天下萬世。[81]

方東樹依循程朱對於心的觀點，認為心是人的知覺，亦是具體意識運
用，主宰人的認知、察識等思維活動，並支配一切應物處事，即所謂
「神明」。即使心中之至善天理未嘗不存於心，然而正如朱子所強
調，心有「千思萬慮，出入無時」，[82]故有人心、道心之別。按此，方
東樹解釋孟子所言「本心」、「性善」之旨，均以「道心」而言，至於
「失其本心」、「陷溺其心」，則當指「人心」而論。方氏此舉主要仍
是標揭程朱所主張人心、道心之說直承堯、舜、孔、孟無誤，而依此

---

80 方東樹：〈辨道論〉，《攷槃集文錄》，卷1，頁229上-230上。

81 方東樹：《漢學商兌》，卷中之上，總頁265。

82 黎靖德編，王星賢點校：〈邵子之書〉，《朱子語類》（北京市：中華書局，2004年重
印），卷100，頁2544。

所建構修養工夫：基於人心有邪慝而需加以克治，而克治則須仰賴問學，由問學可獲致聖人之道。

（二）倒於知行之序

程朱論知行次第，主張知在行先，[83]認為唯有先明義理，作為行事當然之則，才能使一切行為有所準則且合於義理，而明義理則必須透過認識活動，格物以窮理，故而朱子曾提出諸多問學工夫的論述，包括積累、貫通、精粗、遠近、深淺等。至於陸王則以天理自足於本心、良心為根本，一切現實活動都涵括了知與行的組成，[84]對於修養工夫則揭舉「先立乎其大者」、「致良知」的進路，[85]講求的是養護、完善此心，呈現與程朱不同的修養方法。方東樹指出，雖然陸九淵「直指心體」、王陽明「致良知」源自於《孟子》，但卻流於佛氏之說：

> 孟子學乎孔子而正其統，陸王學乎孟子而流於佛。夫孟子於孔子不可謂有二道也，而其流已如此，則百家所從分之異路，往而不返，何怪其然也？……夫有官而後有職，有職而後有事，

---

83 如程子：「故人力行，必須要知。」〈伊川先生語四〉，《二程遺書》，卷18，頁235。朱子：「致知、力行，用功不可偏。……但只要分先後輕重。論先後，當以致知為先；論輕重，當以力行為重。」〈學三・論知行〉，《朱子語類》，卷9，頁148。

84 陸九淵：「良心正性，人所均有。不失其心，不乖其性，誰非正人。」〈與郭邦瑞〉，《象山先生全集》，卷13，頁110。王陽明：「知如何而為溫凊之節，知如何而為奉養之宜者，所謂知也，而未可謂之致知。必致其知如何為溫凊之節者之知，而實以之溫凊，致其知如何為奉養之宜者之知，而實以之奉養，然後謂之致知。」《傳習錄・中》，卷2，頁45。

85 陸九淵：「朱濟道說：『臨川從學之盛，亦可喜。』先生曰：『某豈不愛人人能自立，人人居天下之廣居，立天下之正位。立乎其大者，而小者弗能奪。』」〈語錄下〉，《象山先生全集》，卷35，頁297。王陽明：「所謂致知格物者，致吾心之良知於事事物物也。吾心之良知，即所謂天理也。致吾心良知之天理於事事物物，則事事物物皆得其理矣。」《傳習錄・中》，卷2，頁42。

事舉而職修。則立之說也,為思之言也。今其言曰「墟墓生哀宗廟欽敬」,是奚待於思乎?而先立之,又非也。直指心體,先立乎此,然後下學,若是,則知行之序已倒也。《易》曰:「知至至之,可與幾也。知終終之,可與存義也。」程子以「知至」為致知之事,知之在先,故可與幾;「知終」為力行之事,守之在後,故可與存義,此學之終始也。……知食之足以已飢,而後農夫耕稼以繼之;知衣之足以禦寒,而後紅女織紝以繼之。……且先明乎善,而後能實其善,《中庸》之恉也。明乎心而無不明,而無事下學者,佛氏之教也。若夫明乎心而猶有未明,猶待下學,此陸氏之刱言,本於佛氏帶果修因之說,非《中庸》之恉也。[86]

方東樹批評陸王之學最力之處,在於其看待及處理道德涵養與問學工夫二者的關係。在這段文字中,方氏認為孟子「先立乎其大者」之說是「為思言之也」,意即心從事思維活動而言,主張修養工夫是由考究、認知事理為先,經過反覆積累,便能由此逐步認知事物規律,使人的本然至善之內在貫通、彰顯出來。方東樹對《孟子》「先立乎其大者」的詮解乃源於朱子格物窮理之說,昭然可見;依此,對於宋孝宗淳熙二年(1175)「鵝湖之會」中陸象山誦詩「虛墓生哀宗廟欽」[87]以闡明其自身為學所主「直指心體,先立乎此,然後下學」之次第,方氏直斥為顛倒「知行之序」。同樣,對於王陽明提出以知行合一為

86 方東樹:〈辨道論〉,《攷槃集文錄》,卷1,頁227上-227下。
87 案:方東樹所引之文字與《象山先生全集》略有出入。全詩為:「虛墓興哀宗廟欽,斯人千古不磨心。涓流滴到滄溟水,拳石崇成泰華岑。易簡工夫終久大,支離事業竟浮沉。欲知自下升高處,真偽先須辨只今。」〈語錄上〉,《象山先生全集》,卷34,頁276。案:「滴到」一作「積至」。

重要內涵，將「致知」解為「致良知」的作法，[88]方東樹以程子之說、知食止飢後有農稼與知衣禦寒後有織紝之例，直指其悖於孔門之旨。方東樹再進一步批評：

> 堯、舜之敬敷五教，周樂正之崇四術，孔子之入孝、出弟、謹信、親愛、學文、處貧富無求安飽，孟子義利、性善、王霸、辭受取與，《中庸》亦先提個命、性、道，都教人先知大分。從此學之，所謂知止也。既知止，然後加省察工夫，以誠其意。事理次第，確是如此。故凡陸、王明儒之學，皆只為自己。[89]自陽明以來，凡與朱子為難者，皆坐好高而不肯循聖門為學之序，矜一己之名，欲自我作祖，而不顧義理之安，由是而倍經文、叛孔孟，皆有所不惜。[90]

方東樹列舉自堯、舜至孔、孟所建構修養之教，均是「教人先知大分」，也就是在知行次第上是以知為先，由習得事物之理為始，方能據以呈現於事為之上。在方氏看來，陸、王以及明代儒者這種高揚本心為先的蹈空工夫，只不過是求立異於聖人，自標新格，枉顧孔門為學次第。方東樹對陸王的批評，誠然頗有混同程朱所謂事理之「知」與陸王所主良知之「知」之誤；[91]另一方面也反映出，方氏所闡揚的

---

88 王陽明〈大學問〉：「《易》言『知至至之』，『知至』者，知也；『至之』者，致也。『致知』云者，非若後儒所謂充廣其知識之謂也，致吾心之良知焉耳。」《王陽明集》，卷26，頁826。

89 方東樹：《漢學商兌》，卷中之上，總頁286。

90 方東樹：《跋南雷文定》，頁290。

91 胡楚生：「是以朱就知行言之，則程朱所謂之『知』，事物之知也，陽明所謂之『知』，良知之知也，二說本不相侔。」參見氏著：〈方東樹〈辨道論〉探析〉，《文史學報》第24期（1994年7月），頁1-11，引文見頁6。

程朱之學,在某種程度上看來,似乎受乾嘉篤實學風影響而著重突顯出程朱之學對經驗事理、典籍論究的工夫;至於程朱所強調於窮理後,「一旦豁然貫通焉」,則「吾心之全體大用無不明矣」[92]之工夫,反而相對被邊緣化,就此而言,即使方氏再三強調以程朱為依歸,但方氏所吸收、標舉的程朱之學在此論述下恐已非其全貌而有所偏頗了。

(三)昧於上知之教

方東樹在論析陸王之學倒於知行之序後,又大加撻伐陸王按自身稟賦所構築這種直指心體、良知的方法,完全以上智者為出發點,將流為「惑世誣民」之說,致使後世資質中庸為多數之學者陷於「猖狂妄行」(見前揭引文),弊害無窮。方東樹論言:

> 以實言之,孔、孟及佛及陸、王,其等不同,其皆得乎性之上也同。惟聖人知人性之不能皆上,亦不皆下,故不敢為高論,而恆舉其中焉者以為教,此所以為《中庸》也。孟子、陸王則不然,以己之資,謂人亦必爾,雖曰誘之以使其至,而不顧導之以成其狂……夫以千年、數百年而止有一孟子、陸、王,則是孟子及陸、王固不能人人皆爾。而孟子及陸、王必謂人皆可以為己者,其意甚仁,而其實固莫得也,則皆過高而失中焉之過也。[93]
> 陸、王只由自己天資高,不顧古今學者,不能人人皆為上智。如己之明決勇銳也。然且其後猶有病。如王氏再傳,已為顏山農、何心隱、李贄可見。故孔、孟之教,必從下學入手,朱子

---

92 朱熹:《大學章句》,頁7。
93 方東樹:〈辨道論〉,《攷槃集文錄》,卷1,頁228上-228下。

　　　所以苦爭之也。[94]

　　這段批評，不僅對於陸王以「上智」者為教的作法，責以未顧及「中
焉者」之教，其流弊已可從王門後學泰州學派顏山農（1504-1596）、
何心隱（1517-1579）、李贄（1527-1602）中獲得證明；且亦再次呼
應了陸王之學非儒學正統、不足為法的預設。方氏批駁的對象，甚至
擴及孟子，認為即使孟子、陸、王之慮均源於仁善之念，然而終究難
以付諸踐行，尤以王陽明「致良知」之言，為害最深：

　　　湯潛菴推陽明功業而竝護其學術，不知功業在一時，學術在萬
　　　世。學術誤則心術因之，心術壞則世道因之。陽明率天下以狂
　　　而詈朱子為洪水猛獸，其罪大矣。當日宸濠之事，即無陽明，
　　　一良將足以辦之，孰輕孰重，以潛菴之賢，猶黨同倒見，況於
　　　無真識而託忠厚之名者哉！[95]
　　　殊不思直提向上，此非上智不能。如陽明者，固閒氣僅見，千
　　　百年不數遘者，夫以閒氣僅見，千百年不數遘之賢而必以此為
　　　天下率，謂學者由其教皆可以一蹴而幾之，……故由陽明之
　　　教，不待其徒有敗闕而後識其非，即以理縣測之，亦知其斷斷
　　　必至於彼矣。……朱子之教本於孔子，雖似支離困苦難成，然
　　　由其說，則中下皆可循。[96]

　　由於義理對後世學術的發展、世道變化的影響甚鉅，絕非一時事功業
績所能及，故而方東樹不滿清初學者湯斌（1627-1687）因陽明外在

94　方東樹：《漢學商兌》，卷中之上，總頁287。
95　方東樹：〈切問齋文鈔書後〉，《攷槃集文錄》，卷5，頁335下。
96　方東樹：〈與姚石甫書〉，《攷槃集文錄》，卷6，頁367下-368上。

功業而尊護其學術教法。方氏認為，陽明這種「直提向上」之教，只能適用於千百年來少數上智之人，若將之普及於天下士人學子，其致流於玄虛狂妄學風，是必然的發展情勢。因此，朱子所力主的「下學」工夫，顯然才是後世學者的依歸。在此，方東樹以朱子之教為孔門正統嫡傳，即使此一「下學」工夫曾受心學家抨擊為「支離」、且「困苦難成」，[97]但方東樹強調的是這樣的問學工夫是「中下皆可循」；至於陸王一派學者們所質疑「下學」工夫如何能豁然貫通天理等問題，顯然不是方氏所關注的。由此可看出方東樹論辯陸王之非，呈現其特有的面向：首先，方氏著眼於陸王「先立乎其大」、「致良知」的修養工夫流為佛家，致使貽誤後學，此即陸王之學無法成為儒學正統主因；換言之，朱子格物窮理的主張是孔門嫡傳。其次，由於極力宣揚朱子之格物窮理，成為修養工夫主軸，反而使得由具體事物之認識上升至對天理之理解的工夫未得到應有的闡發，此一層面遂晦而不彰。

三 辨蕺山以歸程朱

方東樹攻詰陸王之學，除逐陳其非外，對於明末以「誠意」、「慎獨」為思想中心的劉蕺山，則視之為「仍姚江之失」、「沿姚江之謬」；[98]弟子黃宗羲推闡劉蕺山觀點，同時編著《明儒學案》、反對纂修《明史》立〈理學傳〉等論，在方東樹認為，均是承續陽明學術而

---

97 陸象山批評朱子及致力經典格義之學為「支離」，相近之言，時見於其論述中，如言：「今時學者，悠悠不進，號為知學耳，實未必知學；……事業固無窮盡，然古先聖賢未嘗艱難其途徑，支離其門戶。……古人教人，不過存心、養心、求放心。……今日向學，而又艱難支離，遲回不進，則是未知其心，未知其戕賊放失，未知所以保養灌溉。」〈與舒西美〉，《象山先生全集》，卷5，頁41。
98 方東樹：《漢學商兌》，卷中之上，總頁285-286；總頁287。

抑程朱，過分推尊王、劉之學的結果，勢必危及程朱道統地位，故而
必須加以辨明。方東樹言：

> 自陽明以來，邪誣之說盈天下，而世之學者讋其高名，概以為
> 後生不當議先輩，以為君子善善從長，矧諸公功業名節，揭日
> 月而常懸，胡可輕議？……究之為此論者，皆昧於輕重是非之
> 人，本無閑道之公心，又未嘗實心向學，志道求真，惟欲自居
> 忠厚，謹愿不痛癢，漫作調人。[99]

方東樹譴責自陽明之後，許多學者因敬畏陽明、蕺山功績名節而諱論
其思想之失，以「忠厚」自居而妄作「調人」，不僅昧於是非輕重，
且未能潛心以求真正聖人之道，若因此而使陽明之學遍傳於世，其惑
亂天下之罪，絕非外在事功所能相抵。如方東樹對於湯斌致黃宗羲書
信中倡議學者「當以蕺山為宗」，標舉「體驗天命」、「上達天德」[100]
的工夫，便十分不以為然：

> 明之儒者動以此等大頭腦為門面，是以導人成猖狂過高之行，
> 而無中下用力之階，此等意祇可以之自盡，不可概之學者，其

99　方東樹：《跋南雷文定》，頁290。

100　湯斌：「學者不從日用倫常、躬行實踐，體驗天命流行，何由上達天德，何由與千
　　古聖賢默相契會？」又：「斌謂今日學者當以蕺山為宗，即所以救末學之流弊，而
　　得大中至正之道，無事他求也。」《南雷文定・附錄》，頁270。方東樹即徵引其中
　　部分內容予以批判。案：湯斌為學受其師孫奇逢（1585-1675）影響頗深，同時亦
　　面臨清初尊朱黜王思潮之氛圍所動，故而思想上表現出主陽明之學而調和程朱之
　　傾向；並曾於康熙二十二年（1683）與主程朱學者陸隴其就程朱、陸王二派之異
　　進行論辯。參見史革新：〈「廉吏」湯斌理學思想略議〉，收入氏著：《清代以來的
　　學術與思想論集》（北京市：社會科學文獻出版社，2011年8月），頁309-323。

失在此，故成流病，愚昧淺陋，於先儒學術心傳何能深究？[101]

這段對明儒的批評，仍是聚焦於立教過高，枉顧「中下用力之階」，顯見方氏重視學術思想具體力行於現實世界成效的考究；凡論及陸王學術，總以此為貶抑核心。當然，對於湯斌盛讚黃宗羲「箸述宏富，一代理學之傳，如大禹導山導水，脈絡分明；事功文章，經緯燦然，真儒林之巨海，吾黨之斗杓」，[102]方氏自然無法認同，故批評言：

> 此指《明儒學案》一書，言之亦誠有似，但古者國不異學，故道德一、風俗同；今各立門戶，四分八裂，豈非處士橫議？矧斗杓所建，又專在王、劉之謬誤者邪？[103]

作為崇奉程朱學術為孔門道統正傳者而言，方東樹在上述的文字中，嚴厲地批判了《明儒學案》特意立王、劉之學乃是導致門戶之見、道術分裂的根源。[104]此外，黃宗羲曾作〈移史館論不宜立理學傳書〉一文，表達反對《明史》立〈道學傳〉之立場，此舉據載對於康、乾年間《明史》編纂工作有著關鍵性的影響，在乾隆四年（1739）刊刻完

---

101 方東樹：〈坿湯潛菴與黎洲書（節錄）〉，《跋南雷文定》，頁294。

102 參見黃宗羲：《南雷文定‧附錄》（收入《叢書集成新編》，臺北市：新文豐出版公司，1984年，第76冊），頁270。

103 方東樹：〈坿湯潛菴與黎洲書（節錄）〉，《跋南雷文定》，頁294。

104 必須說明的是，學者對於黃宗羲《明儒學案》是否為以王學為中心的門戶之爭，見解頗異。如清代學者沈維鐈於〈清學案小識序〉中即認為《明儒學案》是「太袒護師說，主張姚江門戶，攬金銀銅鐵為一器。」收入唐鑑：《清學案小識》（臺北市：臺灣商務印書館，1965年），頁2。另後世學者則以為黃宗羲於《明儒學案》中部分評論固然以其師劉宗周之言為依據，但編纂的思想實出於自身，且《學案》以王學為中心，是對當時學術清況的如實呈現而已，非為爭門戶。參見張學智：《明代哲學史》（北京市：北京大學出版社，2000年11月），頁459-493。

竣後的《明史》，果未立〈理學傳〉。[105]若僅就《明史》最終未立〈理學傳〉的結果而言，方東樹的主張與黃宗羲似乎是一致的，然而二者所持之理由則截然有別：黃宗羲質疑當時明史館總裁徐乾學（1631-1694）撰〈脩史條議〉中以薛瑄（1389-1467）、羅欽順（1434-1484）、顧憲成（1550-1612）、高攀龍（1562-1626）等人為程朱一派，不符義理之實情；又嚴斥文中所言「浙東學派最多流弊」，強調明代學術由陳獻章（1428-1500）開端，至陽明大盛，而蕺山力矯其失，黃宗羲認為「向無姚江，則學脈中絕；向無蕺山，則流弊充塞」，不宜將晚明王學末流之陋歸咎於陽明之學，[106]凡此，皆可看出黃宗羲不滿徐乾學著眼於尊程、朱抑王、劉的修纂史書之見，為陽明學申論之意顯著。至於方東樹則認為：

> 愚以《宋史》刱立〈道學傳〉，以尊周、程諸子，禮以義起，名以實傳，允為不易，非尊周、程諸子也，重道統所在也。故周、程數子外，則當概入〈儒林〉，不但宋後史書不得輕立「道學」之名，即《宋史》除周、程、張、朱、羅豫章、李延平外，亦不得入〈道學傳〉，猶之後世不再有孔子，則匹夫不得列〈世家〉；後世不再有周、程諸子，亦不得立〈道學傳〉，如此則可以畫一矣。[107]

---

105 全祖望：「公（黃宗羲）雖不赴徵書，而史局大案，必咨於公：……《宋史》別立〈道學傳〉為元儒之陋，《明史》不當仍其例，時朱檢討彝尊方有此議，湯公斌出公書以示眾，遂去之。」參見氏著：〈梨洲先生神道碑文〉，《鮚埼亭集》（收入朱鑄禹彙校集注：《全祖望彙校集注》，上海市：上海古籍出版社，2000年12月，上冊），第11，頁223。按：其中「湯公斌出公書」之「書」，應即黃宗羲〈移史館論不宜立理學傳書〉。

106 黃宗羲：〈移史館論不宜立理學傳書〉，《南雷文定‧前集》，卷4，頁227-228。

107 方東樹：〈坿辨南雷文定移史館論不宜立理學傳書〉，《跋南雷文定》，頁300。

方東樹此觀點實是承自清初擁程朱之學者陸隴其（1630-1692）而來，[108]同是基於推尊程朱的觀點上而反對《明史》立〈理學傳〉。因為之前的《宋史》特創〈道學傳〉用以標誌周、程諸子為道統所繫，後世將不再有周、程諸子，故而史書不當擅妄立「道學」之名；正猶如《史記》列孔子於〈世家〉以重其聖學之宗，後世學者固不得入〈世家〉，其意義是相同的。是故，方東樹評論黃宗羲之見，同時闡述自己之所以反對立〈道學傳〉之因：

> 謂《明史》不必立〈道學傳〉，是也；謂元人為陋，非也。謂必立〈道學傳〉，不可去陳、王，似是而實非，似公而實私，此由心中有優劣之私見也，非愚所謂特起義例，有所限止以繫道統也。何以言之？所以立〈道學傳〉，非謂以「道」為學即可入之也，為其實能接堯、舜、湯、文、孔、孟之道統也，非自我刱立宗旨，以「道學」為門戶，苟以立名而顯，與孔、曾、思、孟倍也。[109]

按方東樹之論，〈道學傳〉擇取入傳的準則並不在於「以『道』為學」，而是以能否接續儒門正統為考量；方氏在此將〈道學傳〉中的「道」提升解釋為儒家道統之「道」，並且以程朱為唯一道統繼承者，此舉不但是延續《宋史》立〈道學傳〉之意旨，同時彰顯儒家道統乃以程朱之「道」為其準則之企圖；在此觀點上，為確保程朱於孔

---

108 陸隴其〈答徐健菴先生書〉言：「《宋史》作〈道學傳〉，前史未有，蓋以周、程、張、朱紹千聖之絕學，卓然高出儒林之上，故特起此例以表之，猶之以〈世家〉尊孔子耳。」參見氏著：《三魚堂文集》（上海市：上海古籍出版社，2010年影印康熙40年琴川書屋刻本），卷5，頁380。

109 方東樹：〈跗辨南雷文定移史館論不宜立理學傳書〉，《跋南雷文定》，頁301。

門嫡傳地位，《明史》必然不當別立「道學」，徒增門戶之見。方東樹
進一步指出：

> 陽明、白沙、蕺山生程朱辨論既明之後，而猶必為異趨以違
> 正，折以王制偽辨，非博疑眾之罪，無可解免，惡可以其立名
> 「道學」，許為承繼道統？……今《明史》久行，凡例所定，
> 昭垂百代，固不因黃氏之言而有所聯奪，亦無容後來艸野荒昧
> 追為贅論，姑就此書辨之。如此區區之悃，在辨學脈之是非，
> 非敢論史法也。[110]

這是方東樹自述其之所以在《明史》定稿之後仍汲汲於辯駁黃宗羲
〈移史館論不宜立理學傳書〉的原因，即在於「辨學脈之是非」，其
推尊程朱在學脈道統上之嫡傳，於此可見，不僅陽明應排除於道傳學
脈之列，同屬陽明學方向的蕺山，當然亦須摒除。是以，方氏條引黃
宗羲《南雷文定》中〈先師蕺山文集序〉作為批駁主要內容，包括道
器性理諸說、氣質之性，以及誠意、慎獨之學，逐一辨明。

（一）亂於理氣心性之說

劉蕺山以氣為萬物之本始，天道是就氣的運行變化而言，換言
之，理亦是氣，並非存在於氣之先或氣之外，氣即是終極的存在。[111]

---

110 方東樹：〈坿辨南雷文定移史館論不宜立理學傳書〉，《跋南雷文定》，頁301。
111 劉蕺山：「盈天地間一氣而已矣。有氣斯有數，有數斯有象，有象斯有名，有名斯
    有物，有物斯有性，有性斯有道，故道其後起也。」參見黃宗羲著，沈芝盈點
    校：〈蕺山學案・語錄〉，《明儒學案》（北京市：中華書局，2010年重印，下冊），
    卷62，頁1522。案：現代學者將近世儒學的氣論分成二種：一是先天型，從心
    學、道論定位，求得存在源頭之動能，實是理學發展形態之一，劉宗周即屬此；
    另一是後天型，屬自然主義的用法，反對超越性內涵。參見：楊儒賓〈兩種氣

至於心、性、道、理等都是依氣所構成具體事物及其運化條理之名
稱；按此觀點，則孟子所謂「四端」，是指由氣所形構之實然型態的
心而顯相於知覺，並非在知覺之外先有四端，[112]更具體說，不是先別
有仁、義、禮、智之理駐於心而後表現為惻隱、羞惡、辭讓、是非之
端，實是惻隱、羞惡、辭讓、是非之端本身即是仁、義、禮、智，二
者是語義相同而指涉相異的概念，現代學者將此一理路稱之為「攝性
于心」。[113]黃宗羲將蕺山此一觀點概括言曰：「形而上者謂之道，形而
下者謂之器；器在斯道在，離器而道不可見。必若求之惻隱、羞惡、
辭讓、是非之前，幾何而不心行路絕，言語道斷。所謂有物先天地
者，不為二氏之歸乎？」[114]此說似是針對朱子主張先有超越的理而後
有四端之呈現的批評，並以為此一本體論意義上的理在氣先之體系，
恐造成理、氣斷為兩橛的可能性，那麼涵養用敬、進學致知二者的貫
通亦頗有疑慮。方東樹駁斥言：

> 然聖人既分為二名，則明明已分為二矣，譬如人食則飽，衣則
> 溫，所以溫即衣溫之也，所以飽即食飽之也，然豈可謂食與衣
> 非另一物在先乎？且念臺所指以為道、指以為理者何物也？非
> 謂仁義禮智四者之德乎？使非有仁義禮智之性與理與道居先，
> 則惻隱等心從何而發？何謂不當求之於惻隱、羞惡、辭讓、是

學，兩種儒學〉，《臺灣東亞文明研究學刊》第3卷第2期（2006年12月），頁1-39；
〈檢證氣學——理學史脈絡下的觀點〉，《漢學研究》第25卷第1期（2007年6月），
頁247-281。

112 劉蕺山：「盈天地間一氣而已矣，氣聚而有形，形載而有質，質具而有體，體列而
有官，官呈而性著焉，於是有仁、義、禮、智之名。仁非他也，即惻隱之心是；
義非他也，即羞惡之心是；禮非他也，即辭讓之心是；智非他也，即是非之心是
也。是孟子明以心言性也。」〈蕺山學案‧原性〉，《明儒學案》，頁1566。

113 牟宗三：《心體與性體》（臺北市：正中書局，1975年），第2冊，頁521-523。

114 黃宗羲：〈先師蕺山先生文集序〉，《南雷文定‧後集》，卷1，頁234。

> 非之先乎？發而謂之品節，限制以形於器，然後仁、義四德之
> 理與道以全，聖人所謂形上形下者如此，其先後次弟分明，人
> 人可喻，何謂心行路絕，言語道斷乎？[115]

劉蕺山的氣論主張實是心學家在心性論議題的擴大，在陽明學系統
中，以氣界定心，可說是許多心學家的共識；[116]在「心即理」的基礎
上，「心」是指本心，具道德義（理、道）與活動義，而本心又是一
特有實然存在的氣，因此心即理即氣。如此一來，形上形下界限、理
氣關係之別便不再如朱子思想體系下的絕對二分；方東樹自然無法理
解或認同蕺山義理系統，對於其「攝性于心」思想內涵下所詮解仁義
等四德與惻隱羞惡等四端乃同一實體之不同面向的觀點，勢必加以抨
擊，因這無疑牴觸了朱子所建構的理氣、心性世界。方東樹以程朱理
學系統下的觀點進行反駁，以「食飽」、「衣溫」為喻，強調先有仁義
禮智四德，而後才能發而於外為惻隱羞惡辭讓是非，在方東樹看來，
這才是聖人所言形上形下、先後次第之真義。依此，方氏嘲諷蕺山之
所以對程朱之學「叛而攻之」、「迷而晦之」，並非為了闡明聖道或匡正
學者之誤，而是「以循乎程朱則平平無奇而無名，不新立門戶則無以
眩學人耳目，而使之宗己，故奮其誣罔，雖得罪聖人而不顧也。」[117]
並且將蕺山的思想「謬誤」上溯至王陽明：

> 念臺不識性與心、情與善之分而妄言，故繳繞晦昧如此，然亦
> 本於陽明心即理也之說。[118]

---

115 方東樹：《跋南雷文定》，頁291。
116 參見楊儒賓：〈檢證氣學——理學史脈絡下的觀點〉，頁260。
117 方東樹：《跋南雷文定》，頁291。
118 方東樹：《跋南雷文定》，頁291。

> 程朱皆言性即理也,至當至明至確。陽明獨易之曰心即理也,
> 大謬。試思:《中庸》曰「率性之謂道」,若率心豈能皆合乎
> 道?念臺此所立宗旨,弟教人率心自有主張裁化。夫孔子七十
> 從心不踰矩,非貴能從心,貴能不踰矩耳。矩即品節限制之
> 謂,且必至七十而後能,今念臺不假品節限制,教學者不須格
> 物致知,弟從心而已,其說可從乎?……故念臺之學,即陽明
> 之學;念臺之謬,即陽明之謬。[119]

方東樹指出,陽明之學最大謬誤在於未能依循程朱「性即理」說而變為「心即理」,如此將使經典中諸多聖賢之道扞格不通。顯然,方東樹只看到陽明在文字上以「心」取代了「性」,但卻未能體認事實上陽明所論「心」的地位亦取代了朱子所論「性」的地位,[120]且陽明所說的「心」實指具有超越性的本體而言,絕非朱子理學系統下所指察識、容受並應接萬事的「心」,因此屢依朱學思想的「心」以詰難、抨擊陽明與蕺山之論述,其維護程朱之心雖殷切,但是否足以在嘉、道年間重振程朱理學之勢,恐怕是值得再商榷的。

(二)謬天地止氣質之性

蕺山既主張心、性是同源於氣之不同面向,性只是氣的條理運行而非離心另為一物獨立的存在,性是心之性,義理實即氣質的性所本然之狀態。這樣的理路下所言的「氣質之性」,當然不同於程朱理學中的「氣質之性」;有學者即稱蕺山「氣質之性」的實質內涵是「義理

---

119 方東樹:《跋南雷文定》,頁291,頁292。
120 參見楊儒賓:〈氣質之性的問題〉,收入氏著:《儒家身體觀》(臺北市:中央研究中國文哲研究所籌備處,1996年),頁335-412。

之氣質」。[121]是以，蕺山對於朱子根源於理、氣關係所論人性以「義理之性」（「天命之性」）相對於「氣質之性」之說提出了批評。按蕺山承續陽明「心即理」的體系，心只有本心湛然與本心放逸之別[122]，毋須由義理、氣質之性以區隔道心、人心。在蕺山論述中屢屢循其理氣觀以論義理之性與氣質之性、道心與人心的問題，強調「盈天地間，止有氣質之性，更無義理之性」，若視理為別一物，則是「臧三耳之說」、「支離之說」。[123]方東樹對此所採取的回應策略，仍不出程朱「理在氣先」的模式：

> 謬甚。使無義理之性，氣質性於何受？義理之性，同然之本原也；氣質之性稟受不齊者也。……《孟子》道性善及《中庸》率性之性，義理之性也；其曰「動心忍性」、「性也有命焉」，氣質之性也。區別分明，念臺既主氣質之性，而所以主宗旨者，又教人率性求之而自足，進退無據矣。[124]
>
> 使無義理之性，則聖人教人復性、盡性何說也？臧三耳者，謂人有兩耳，別有一聞性主乎中，是亦一耳，猶云心有睫。程朱謂性即理，其本初無不善，而人之氣稟不齊，有偏全通蔽之異，至明至確，與臧三耳不同。[125]

---

121 楊儒賓：〈氣質之性的問題〉，頁377。

122 劉蕺山：「此心放逸已久，纔向內，則苦而不甘，忽復去之。總之，未得天理之所安耳。心無內外，其渾然不見內外處，即天理也。」〈蕺山學案・語錄〉，《明儒學案》，頁1516。

123 〈蕺山學案・會語〉，頁1546。

124 〈蕺山學案・語錄〉，《明儒學案》，頁1523。

125 方東樹：《跋南雷文定》，頁292。案：「氣質性於何受」一句疑漏「之」字，全句應作「氣質之性於何受」。

方東樹沿襲了朱子天命（義理）、氣質之性二分的人性論架構以斥劉
蕺山，故而誤將蕺山所言「氣質之性」等同於朱子「氣質之性」，未
能細究二者實具不同意涵，因此除了譏評蕺山「謬甚」之外，實際上
並沒有回應蕺山所批判朱子義理流於支離之弊，更遑論就蕺山所建構
之義理提出攻詰。在上述二則引文中，較值得注意的一是方東樹批評
蕺山「教人率性求之而自足」將使人「進退無據」；另一是質疑若按
蕺山之主「無義理之性」，則聖人所謂「復性」、「盡性」之說中的
「性」為何？顯然，方東樹著眼點仍是在於工夫論層面，在無法認同
或理解蕺山心性理路的情況下，更難以接受依此脈絡所主張之修養工
夫。按蕺山曾論及朱子所言學者「半日靜坐，半日讀書」之工夫，強
調不應將靜坐、讀書截然切割為二段工夫，而是「于靜坐得力時，徐
取古人書讀之，便覺古人真在目前，一切引翼提撕、匡救之法，皆能
一一得之于我。」意即研讀聖賢典籍的目的在於印證本心，這是心學
家對典籍的共通主張，故蕺山言：「蓋聖賢之心，即吾心也，善讀書
者，第求之吾心而已矣。」[126]至於所謂「復性」說，即是知善惡而為
之去之以「反吾性之初」之義。[127]當然，這裡所說的「性」，是指劉
蕺山理路下的「氣質之性」，而非程朱體系下的「氣質之性」；方東樹
基於堅守程朱理路，故而會提出如此疑慮。再者，有趣的是，方東樹
屢屢訾議陸王心學一系立教僅適於上智者而枉顧為數眾多的中、下之
質者，劉蕺山則有完全相反之見：

　　世言上等資質人，宜從陸子之學；下等資質人，宜從朱子之
　　學。吾謂不然。為上等資質，然後可學朱子，以其胸中已有個
　　本領，去做零碎工夫，條分縷析，亦自無礙。若下等資質，必

126　〈蕺山學案・讀書說〉，《明儒學案》，頁1580。
127　〈蕺山學案・習說〉，《明儒學案》，頁1582。

> 須識得道在吾心，不假外求，有了本領，方為去學，不然只是
> 向外馳求，誤卻一生矣。[128]

所謂「胸中已有個本領」、「識得道在吾心」，表明了心學家在工夫論
上以求其本心為首要；此外，從其言「零碎工夫」、「向外馳求」可看
出蕺山對於程朱之學的評述。蕺山認為上等資質者已深諳本心之旨，
故而可從事朱子所言遍求事事物物之理的工夫以印證本心；至於資質
下等之人，必當先求識得本心即在吾心，其次才是向外問學的工夫。
這是心學與理學思想在工夫論上的歧異，清楚呈現於二者的論述中。

（三）蔑朱子之格致始功

　　黃宗羲作〈先師蕺山文集序〉首先即標舉蕺山「慎獨」、「誠意」
之學，一方面突顯其師對王學末流猖狂玄虛的補偏救弊；另一方面亦
指出朱子詮解《學》、《庸》之失。關於前者，蕺山指出當前論良知者
之弊：「猖狂者參之以情識」、「超潔者蕩之以玄虛」，要求為學以「誠
意」為極則；[129]至於後者，蕺山亦著墨不少，如批評朱子以「意」為
「心之所發」，以「獨」為「動念邊事」，疏於《大學》、《中庸》中
「誠意」、「慎獨」之大義，是「握燈而索照」，[130]尤其反對朱子另以
格致之功先於慎獨、誠意，認為此即「失之支離」，[131]這一部分是方
東樹辯駁最力者，在《跋南雷文定》中三度抨擊蕺山主古本《大
學》，以誠意為入手工夫而「蔑格致始功」。[132]基本上，後世研究蕺山
義理思想者，大多著重於其闢王學流弊，吸收良知學於誠意慎獨之教

128　〈蕺山學案・會語〉，《明儒學案》，頁1547。
129　〈蕺山學案・證學雜解〉，《明儒學案》，頁1575。
130　〈蕺山學案・語錄〉，《明儒學案》，頁1534。
131　〈蕺山學案・大學雜繹〉，《明儒學案》，頁1593。
132　方東樹：《跋南雷文定》，頁287、頁288、頁289。

中：首先，蕺山界定意、念之別，將《大學》中「誠意」之「意」視為超越層次，是「心之所存」，不同於外在經驗感受之心理現象的「念」。「意」是心的本始意向，正如「盤針之必向南」，且「只向南，非起身至南」，[133]此本始意向即好善惡惡，是思慮未起之時之本然，即《中庸》所言喜怒哀樂未發之際，意即「慎獨」之「獨」。[134]依此來看，蕺山所論意、獨之位階與陽明「良知」無異，惟蕺山以氣為基礎，把意置於良知之上，企圖為心性論提供一終極、原始的形上根據。[135]其次，蕺山將修養工夫總歸結於誠意慎獨，如言：「獨之外，別無本體；慎獨之外，別無工夫。此所以為《中庸》之道也。」「《大學》之道，誠意而已矣。」[136]強調保有此本始意向之精微，不受遮蔽或影響，實亦即王陽明致良知之說，標揭的仍是心學工夫論之脈絡。至於格物致知，當然應納於慎獨中來理解，如言：「格物致知，總為誠意而設，亦總為慎獨而設也。非誠意之先，又有所謂格致之功也。」又言：「獨外無理，窮此之謂窮理，而讀書以體驗之；獨外無身，修此之謂修身，而言行以踐履之。其實一事而已。」[137]所謂窮理，即是窮究「獨」，亦即向人心本然意向上格究，且慎獨包含了存養、省察之功，「獨」即在「慎」的工夫中，認為「言工夫，而本體在其中」，[138]凸顯若無躬行踐履工夫則沒有心之本體之善，本體即在工夫之中，二者是統一的；蕺山並以讀書來驗證獨體，也就是說，

133 〈蕺山學案·來學問答〉，《明儒學案》，頁1557。

134 〈蕺山學案·語錄〉，《明儒學案》，頁1519。

135 參見陳來：《宋明理學》（臺北市：洪業文化事業公司，1994年），頁378-401；張學智：《明代哲學史》，頁446-451。案：牟宗三則認為劉宗周提出誠意慎獨之說以匡陽明學之流弊，只是「穿鑿周納以橫破之」，大方向而言仍屬同一大系。參見牟宗三：《從陸象山到劉蕺山》（上海市：上海古籍出版社，2001年12月），頁314-378。

136 〈蕺山學案·天命章說〉、〈蕺山學案·大學雜繹〉，《明儒學案》，頁1583、頁1592。

137 〈蕺山學案·大學雜繹〉、〈蕺山學案·來學問答〉，《明儒學案》，頁1592、頁1560。

138 〈蕺山學案·來學問答〉，《明儒學案》，頁1561-1562。

道德自覺與認識過程乃合為一事。這樣的觀點，不僅有別於陽明學以悟得本體即工夫之說，亦不同於程朱理學要先有居敬窮理（格致）工夫以識得本體，已將本體與工夫割裂為二。因此，蕺山除曾批評王學之弊外，亦多次指責朱子以「涵養用敬」、「進學致知」解析《大學》，「分格致誠正為兩事」，造成「愈析而愈支」[139]之困境。方東樹對於蕺山慎獨之說大加撻伐，先是指責「意為心之所存而非發」之論，曰：

> 言意為心之所存而非發，意為心之主宰，疑朱子誤解《大學》為以所發先所存，可謂蔽昧無知，以此牴牾先儒，譬仰面唾天，於先儒何傷乎？太虛靈覺是心，心主也，心所發為意，何謂意為覺主乎？夫覺不虛，覺必麗於物，物在外與內覺，交而相引，逐境生起，明明是發，何得云存？……存主言心，不主意言，心能為意主宰，非意能主宰夫心。至經文以誠意先正心，乃以功夫效驗次弟言之，制外以養中，聖賢工夫確是如此。……蓋為學者自格物致知以來，已知善之當為與惡之當去，但古今通弊多是好自欺而不能堅定決去其惡力向善一邊，故此章教人實其所發為善之意，故曰誠意也。[140]

宋明理學家按各自領會以詮解《大學》綱領，形成個別義理主張，本是宋明儒學的特點之一。至於這些詮解是否允當，雖另有商榷空間，但卻是考究其思想的重要入手處。蕺山對朱子的批評，透顯的正是其思想型態上的差異；而方東樹對蕺山的攻擊，則是反映出持守程朱之教者強烈捍衛之心，大體上，仍是朱子思想一脈之主張，所謂「制外

139　〈蕺山學案・大學雜繹〉，《明儒學案》，頁1591。
140　方東樹：《跋南雷文定》，頁287-288。

以養中」的修養工夫，正是其基本模式，格致工夫必當先於誠意；是
以，釋「意」為心中所發之意念，絕非心之主宰，強調《大學》經文
中以誠意先於正心，是按效驗次第而論。方東樹譏評劉蕺山昧於經典
而誤詮經文，顛倒存發，對於所主言「意」有定向，方氏批評：

> 不知所謂定向，定向於善乎？定向於惡乎？如定向於善則是已
> 誠學者，無需用功，談何容易？若定向於惡，則惡已不可誠。
> 聖經說知止而后有定向，知止之先，非有十分格致功夫不能
> 遽。到山陰宗旨，蔑格致始功，以誠意為首，以此立教，使學
> 者善惡未明……此與陽明滿街都是聖人之說同其誣罔矣。[141]

由上述引文可知，方東樹正以程朱義理模式，來詰難蕺山所論意「有
定向而中涵」。文中所顯示的批判基準即是以「意」是為善去惡之動
念而言，是以，方氏強調於誠意之前必先有一格致工夫作為動念之依
據，這不但襯出方氏與蕺山誠意慎獨學之不契，同時也可看出方東樹
對問學立教之側重。按方東樹所見，蕺山義理之謬更甚於王陽明，方
氏言：

> 陽明以良知為未發之中，似是而非，猶之可也……蕺山牽作
> 「意」字，主為未發，則大謬，黎洲又從而傅合之，非但誣經
> 文，竝誣陽明矣。[142]
> 雖然弟即良知為教學者體之，猶有所入，得力處此，雖失孟子
> 本旨，如羅整菴所辨，然使反本、循本自證其心，猶之可也。
> 今山陰竊其意而諱其名，疑以歸之慎獨，其形似是，及攷其所

---

141 方東樹：《跋南雷文定》，頁289。
142 方東樹：《攷槃集文錄》，卷6，頁368上。

> 以為說，繳繞蔽昧，……大不如提唱良知，警切易曉，猶有益
> 於學者也。[143]

方東樹對王陽明致良知之學已多所辯駁，現又指出劉蕺山之見不過是
「竊其意而諱其名」，足見對蕺山貶抑之深。再看劉蕺山慎獨說所受
方東樹的批評：

> 念臺以中和寂然不動為獨也，然試思獨果如此，則當日行乎獨
> 而無事矣，何用云慎？夫慎獨從誠意轉出，乃所以鞭策誠意，
> 今全置誠意正文，專標慎獨為宗旨，又將獨字張皇之宛然一中
> 和自然之詣，是慎字為贅設矣。止守一獨而學問全功已畢，即
> 誠正修齊無須著力，不知《大學》經文本恉果若是也邪？[144]

由於蕺山主張「言工夫，而本體在其中」，慎獨即本體與工夫的統
一，也就是說，無慎之工夫則無獨體，獨體不存在於慎的工夫之外。
依此，視本體與工夫為二的方東樹自當無法了解蕺山所言慎獨之義，
故而提出若獨體已是「中和自然之詣」，又何須用「慎」之質疑。由
此看來，方氏對蕺山所言慎獨之學的批判，似乎未必能真正搖其思
想體系；那麼，對於程朱學術捍衛的成效，恐怕亦是十分有限。
　　綜觀上述之考察，實可發現不管是對於理氣心性說的抨擊、或是
言氣質之性的歧異、或是論蕺山蔑格致始功，方東樹均緊扣其不足以
作為後人治學修養之軌範而立論，此一論述的背後，蘊藏著的義理準
則，即是程朱之學。而且，此一程朱之學是經過方東樹所檢擇，刻意
強化了具體格究萬物事理在尋索聖道中的必然途徑。

---

143 方東樹：《孜槃集文錄》，卷6，頁368下。
144 方東樹：《跋南雷文定》，頁289。

四 結語

　　力崇程朱理學的方東樹，身處於以乾嘉漢學為主流的時代，除了作《漢學商兌》以與清儒在道統正傳上爭勝之外，亦企圖預阻學風由漢學轉向陸王，而力闢陸王之學以歸程朱，不難想見其孤憤之情，是以曾自歎言：「僕孤窮於世，匪獨無收之人，乃至無一人可共語胸中蓄言，千萬默默不得吐。」[145]方氏在堅守程朱之學為孔門唯一嫡傳的基調中，展現出據程朱義理以力駁陸王心學，以及嚴斥蕺山慎獨之謬；然而，方東樹的困境或許正由於尊奉程朱之學幾近乎信仰般的特質，使得他難以正視心學家對程朱理學的攻詰，更遑論省思其罅漏而補之，實錯失一重開程朱理學新學路之契機；而再三強調朱子格物窮理的結果，雖彰顯出具體的積累漸進工夫以避免心學家向內省察心性而流於玄虛狂肆之弊，但卻同時削弱了朱子探求聖道中講求由工夫層面以獲致本體之步驟。至此，方東樹所闡揚的程朱之學，顯然已非宋明時期之原貌，或是說，方氏已按其自身意識，對程朱理學進行檢擇輕重的工作。

　　若依方氏辨陸王、蕺山學術以歸程朱理學的相關論述來看，雖然方氏突顯格物窮理之功恐陷於忽略朱子理學超越層面闡發之困境，但從另一角度來說，此未嘗不具時代意義。清代儒者問學工夫背後雖有一義理之建構，[146]然而卻往往表現出「求之於外」的經驗領域探究之傾向，考究其因，或許是清人為了表達對宋明儒學論先驗理義所產生蹈空之弊的撻伐，又或者為了說明其道德修養工夫中對客觀問學階段的依賴與重視，於是，問學的部分被刻意突顯出來，重視經驗世界中

145　方東樹：〈答姚石甫書〉，《攷槃集文錄》，卷6，頁356上。
146　參見林啟屏：〈乾嘉義理學中的「具體實踐」〉，收入氏著：《儒家思想中的具體性思維》（臺北市：臺灣學生書局，2004年2月），頁137-200。

人事物的客觀考察以釐析出理義，自清初顧炎武（1613-1682）提出
「博學於文」，至戴震言「德性資於學問」、焦循言「人之自治，必以
問學」等，[147]均標誌著清代成德工夫中首重智識的修養，成為乾嘉學
術特點。方東樹身處此一乾嘉學風之中，從其闢陸王之學如此強調格
致始功，即使背後之義理主張與乾嘉學者有別，然就此所呈顯於外在
之特質而言，卻有頗相近之處。如此看來，方東樹雖以固守程朱之學
為出發，但在他的論述之中不斷彰顯經驗事理、典籍論究為修養工夫
中必然、不可或缺之步驟等特質而言，則其似乎亦受乾嘉學風影響而
呈顯於對陸王心學的批判中。

附記

（1）本章第一節刪改自〈乾嘉學風下的尊朱視域——方東樹儒學
　　 思想研究〉而成，原發表於《彰師大國文學誌》第25期（2012
　　 年12月），頁205-235；係為一〇〇學年度國科會補助專題研
　　 究計畫部分研究成果，計畫編號：NSC100-2410-H-130-039。

（2）本章第二節刪改自〈方東樹儒學思想的一個側面——辨陸王
　　 以歸程朱〉而成，原發表於《成大中文學報》第40期（2013
　　 年03月），頁169-206；係為一〇〇學年度國科會補助專題研
　　 究計畫部分研究成果，計畫編號：NSC100-2410-H-130-039。

---

147 顧炎武撰，徐文珊點校：〈博學於文〉，《原抄本日知錄》（臺北市：文史哲出版社，
　　 1979年4月），卷9，頁197；戴震：〈理〉，《戴震集・孟子字義疏證》，卷上，頁281；
　　 焦循撰，沈文倬點校：〈告子章句上〉，《孟子正義》（臺北市：文津出版社，1988年
　　 7月，下冊），卷23，頁778。

第二章
道咸時期理學的嬗蛻：方宗誠理學思想

　　清代尊崇程朱的學者在面對乾嘉漢學與陸王心學的挑戰、社會與政局等外在環境的衝擊下，試圖在肆應各時期的議題上，對程朱理學的內涵做出了相當的調整，甚至轉化。道咸年間，反乾嘉漢學大將方東樹之族弟方宗誠對程朱理學的轉化即是一鮮明的例子。

第一節　明體達用：經世學風驅策下的思想資源挪移

　　方宗誠論學歸本程朱理學，在論述晚清的漢、宋學相關議題中被納入宋學派的儒者，[1]身歷晚清理學興起的嘉道（1796-1850）、盛行的咸同（1851-1874）及影響所及的光緒（1875-1908）等時期，其論學始奠基於早年受業鄉里碩儒許鼎（1782-1842）與族兄方東樹，[2]後與

1　參見史革新：《晚清理學研究》（臺北市：文津出版社，1994年3月）；《晚清學術文化新論》（北京市：北京師範大學出版社，2010年9月）；《清代以來的學術與思想論集》（北京市：社會科學文獻出版社，2011年8月）。

2　方宗誠〈復方魯生先生書〉：「宗誠稟質昏懦，少時得師玉峯許先生，慕其苦志卓行，始奮然有所興發。……近十年來從從兄植之先生遊……故宗誠自惟入學以來，多獲賢師友之益，而於此理麤有所見，則實本於二先生」。《柏堂集‧前編》（收入《清代詩文集彙編》，上海市：上海古籍出版社，2010年，清光緒6年至12年刻本，第672冊），卷4，頁81；另可參譚廷獻：〈五品卿銜前棗強知縣方先生墓碑〉（收入《柏堂遺書》，《原刻影印叢書集成三編》，臺北市：藝文印書館，1971年景印光緒

當時理學名臣吳廷棟（1793-1873）、胡林翼（1812-1861）、曾國藩
（1811-1872）交遊論學，倡議政事；並曾任嚴樹森（？-1876）幕
府，擬〈薦舉賢才疏〉上奏；當時任帝師的倭仁（1804-1871）亦曾
摘錄方宗誠之言以為經筵，[3]使方宗誠的思想主張得以上達朝政。
咸、同年間，接踵而至的西方軍事入侵與太平天國禍事使得清廷內外
混亂之勢更甚於前，以曾國藩為首的理學士人弭亂有功而受到朝廷拔
擢，促使講求程朱理學的風氣藉由政治權力而受強化與推動，[4]加上
師友弟子推波助瀾，於是受乾嘉漢學壓抑的宋學重新活躍起來，身處
於此一清代後期程朱理學的復興時期，方宗誠所崇奉、呈顯的理學思
想已有了顯著的變化，此時其關注的焦點不再如方東樹辯駁所有非議
程朱之言論，表達強烈捍衛朱子（1130-1200）道統地位的職志，而
是在於將程朱理學與躬行實踐、現實致用的工夫結合起來，如言：

> 夫道之大原出於天，聖人之書無非明天理也；而人之所以希天
> 之功，則全在乎即人事以窮其天理之當然，即天理以見諸人事
> 之實際，所謂精義入神以致用也，利用安身以崇德也。若不能
> 致用崇德，雖使精義入神，見於文字之間者，可以取名於後
> 世，而究無當於身心國家之實用。[5]

此說強調「致用」才是窮究經典的極致目的，一切以契合「身心國家

中桐城方氏治學堂刊本），卷首，頁1左-1右；陳澹然等編：〈方柏堂先生譜系略〉
（收入《年譜叢刊》，北京市：北京圖書館出版社，1999年清光緒間木活字本，第
163冊），頁89。

3 請參孫葆田：〈桐城方先生墓誌銘〉，收入《柏堂遺書》，卷首，頁2左。

4 有關晚清咸、同年間程朱理學復興與政治的關係，請參史革新：〈程朱理學與晚清
「同治中興」〉，收入氏著《晚清學術文化新論》，頁1-30。

5 方宗誠：〈答莊中白書〉，《柏堂集‧續編》，卷7，頁277。

之實用」為學術價值的標準。因此，方宗誠勸勉後學諸生「立實心」、「敦實行」、「講實學」、「務實用」；[6]並在其諸多著述中，屢稱程朱理學為「明體達用」之學，曾自言：「宗誠幼無他嗜，獨好讀古大儒之書，并秦漢以來文章之學。以為明體達用，非研窮宋儒之書，其道末由。」又言：「夫學問之道非炫多鬭靡之謂也，所以求明體達用而已。」「學者窮經，所以明體達用也。」「窮理者當由本及末，由麤入精，然後可以明體達用。」[7]這是將理學視為體用兼備之學。

　　依此來看，方宗誠此種以「明體達用」作為衡量學術準則下，賦予程朱之學之新義涵，應有進一步探析，本節即是基於上述的「問題意識」所撰寫；此外，亦嘗試在釐清問題的同時，說明方氏抱持「程朱之學為孔、曾、思、孟之正脈」[8]前提下，思想上雖承襲了方東樹尊宋學、以朱子為宗的思想，但在內外環境鉅變下，方宗誠所形塑的程朱理學面貌，實已大不同於方東樹，而是在「明體達用」的原則下賦予程朱之學新的義涵；在此基礎上，尋繹出方宗誠在晚清程朱理學短暫興起之際如何對理學內涵進行調整，同時進一步檢視其論述所寄寓自身思想與其理解的時代意義。

　　基本上，方宗誠的思想不但承繼自清初以來桐城學派推尊程朱之學的特點，同時，面對種種的時代焦慮，使得晚清儒者論學呈現重經世傾向，自許為發揚程朱理學的方宗誠亦重新思索、詮解「程朱理

6　方宗誠：〈諭書院諸生〉，《柏堂集・續編》，卷22，頁407-408。

7　方宗誠：〈上吳竹如先生〉，《柏堂集・外編》，卷2，頁679；〈讀書說〉，《柏堂集・次編》，卷4，頁153-154；〈春秋傳正誼敘〉、〈與汪仲伊書〉，《柏堂集・續編》，卷2，頁211；卷7，頁277。案孫葆田〈方宗誠墓誌銘〉：「學術之正大，近代所未有也。先生為學大旨，在內外交修，體用兼備。」又強汝詢〈方存之先生家傳〉指方宗誠論說大旨「以格物致知為首，以子臣弟友為實學，以明體達用為要歸。」二文俱見於《柏堂遺書》，卷首，頁2右；頁1右。

8　方宗誠：〈跋二曲集後〉，《柏堂集・續編》，卷5，頁249。

學」內涵。因此，方宗誠的義理思想，既有承繼的一面，亦有轉化的
特色。首先，在承繼方面，方宗誠延續了族兄方東樹獨尊朱子為儒學
道統的主張，除了再三強調朱子乃集先聖大成、是一切論道治學折衷
之標準外，[9]如對於《宋史》首創〈道學傳〉，他指出「太史公特立
〈孔子世家〉以尊至聖，《宋史》創立〈道學傳〉以尊大儒，皆非淺
見所及，不然何以事後世斗極哉！」[10]這種基於推尊程、朱為道統所
繫的觀點，亦與清初擁程朱之學者陸隴其、[11]方東樹如出一轍；再如
他認為：

> 孔子集群聖之大成而折衷之，以成六經；朱子集群儒之大成
> 而折衷之，以成《四書集註》、小學、《近思錄》，皆萬世之功
> 也。[12]
>
> 昔者孔子生二帝三王群聖之後，修明六經以闡斯道，猶恐人之
> 以為作而效之也，其言曰：「我非生而知之者，好古，敏以求
> 之者也。」又曰：「述而不作」……孟子於是思閑先聖之道，
> 其自任曰：「入則孝，出則弟，守先王之道以待後學。」……

---

9 方宗誠：〈讀書說〉，《柏堂集‧次編》，卷4，頁154；〈讀論孟筆記敘〉，《柏堂集‧
   續編》，卷2，頁216。

10 方宗誠：〈論居敬致知讀書窮理〉，《柏堂遺書‧志學錄》，卷3，頁23右。

11 陸隴其〈答徐健菴先生書〉言：「《宋史》作〈道學傳〉，前史未有，蓋以周、程、
   張、朱紹千聖之絕學，卓然高出儒林之上，故特起此例以表之，猶之以〈世家〉尊
   孔子耳。」方東樹〈坿辨南雷文定移史館論不宜立理學傳書〉：「愚以《宋史》剙立
   〈道學傳〉，以尊周、程諸子，禮以義起，名以實傳，允為不易，非尊周、程諸子
   也，重道統所在也。……猶之後世不再有孔子，則匹夫不得列〈世家〉；後世不再
   有周、程諸子，亦不得立〈道學傳〉，如此則可以畫一矣。」參見陸隴其：《三魚堂
   文集》（上海市：上海古籍出版社，2010年影印康熙40年琴川書屋刻本），卷5，頁
   380；方東樹：《跋南雷文定》（收入《叢書集成續編》，臺北市：新文豐出版公司，
   1989年影印宣統元年《山房叢書》，第42冊），頁301。

12 方宗誠：《讀論孟筆記‧論語》，收入《柏堂遺書‧柏堂經說》，卷1，頁33右。

此道之所賴以不墜也。夫先儒謂述之功倍於作，余亦謂守之功
不亞於述。蓋生聖道大備之後，惟在述而不在作；而生異說喧
騰之時，則又不在於能述，而在於能守，是非見道真、信道篤
者不知此義也。三代而下，學絕道晦，千有餘年，至宋周、
張、二程數子出，而道復大箸；朱子生於其後，闡明四子、六
經及數先生之書，而力行之未嘗自刱新說，是蓋孔子信而好
古，述而不作之意。[13]

方宗誠在這兩段引文中，一則是將孔子集群聖大成、制定六經與朱子
集眾儒大成、作《四書集註》、《近思錄》並列為「萬世之功」；一則
是將朱子闡明周（周敦頤，1017-1073）、張（張載，1020-1077）、二
程（程顥，1032-1085；程頤，1033-1107）、六經大義之功，與孔子
「修明六經以闡斯道」、孟子「守先王之道以待後學」並稱，均是承
述聖道，篤守而使之續而不墜者，由此突顯出孔、孟至北宋諸子再至
朱子的傳承脈絡，這對於朱子在儒門道統地位的推崇，是顯而易見
的。是以，方宗誠不僅推崇朱子所注諸經能發揮孔、孟微言要義，綰合
「漢、唐之訓詁」、「宋儒之義理」，故而「聖賢之經義始如日月經天、
江河行地」；[14]甚至主張以朱子義理思想為治經的基礎，[15]是一切論學

---

13 方宗誠：〈編次《拙修集》敍〉，《柏堂集・續編》，卷2，頁211-212。
14 方宗誠：〈校栞《游定夫先生集》敍〉，《柏堂集・續編》，卷2，頁221。案相近之言
　　亦可參〈校栞《漢學商兌》、《書林揚觶》敍〉，《柏堂集・後編》，卷3，頁426。
15 方宗誠言：「治經必先治四子書與朱子集注，使義理了然於心，然後治諸經乃有準
　　繩。」又言：「六經者，明道之書也；而四子書者，又六經之精蘊也。」又：「由程
　　朱之理以窮堯、舜、禹、湯、文、武、周公、孔、孟之經，即堯、舜、禹、湯、
　　文、武、周公、孔、孟之經以求明乎無心與天下事事物物之理。」參見氏著：〈論
　　居敬致知讀書窮理〉，《柏堂遺書・志學錄》，卷3，頁18右-19左；〈讀書說〉，《柏堂
　　集・次編》，卷4，頁154；《柏堂集・續編》，卷5，頁248。

論理的標準。有學者即指出這是「把經學加以程朱理學化」。[16]方宗誠
的這些論述的意旨雖不出清初至乾嘉以來尊朱學者所論，但在此之
餘，則更進一步將之付諸踐行；在其所著《柏堂經說》三十三卷中，
《讀易筆記》是潛心於程子《易程傳》與朱子《周易本義》所得；[17]
《讀論孟筆記》則是經歷十年研讀《論》、《孟》集注的闡發；[18]《詩
書集傳補義敘》則是為引申朱子《詩集傳》、蔡沈《書集傳》而作，[19]
皆是治經尊朱的實際體現。

　　至於義理思想，方宗誠所論理、氣關係，心、性之別，仍是恪遵
程朱所建構之體系，[20]同時突顯了程朱居敬窮理的修養工夫。依方氏
來看，居敬窮理之說乃本於《大學》、《中庸》，實乃「孔、孟之家
法」，[21]在其著作中屢見不鮮，如言：「孔子以修己以敬、明明德為主
腦；曾子戰戰兢兢、尊聞行知；子思戒慎恐懼、明善誠身；程朱居敬

---

16 史革新：《晚清理學研究》，頁99-100。

17 方宗誠〈讀易筆記敘〉：「程子《易傳》明理，朱子《本義》兼言象數，皆得聖人作
　《易》之本心，卓越千古，余每體翫二書，隨其所得，記之以備遺忘。」參見氏
　著：《柏堂集·續編》，卷2，頁216。

18 方宗誠〈讀論孟筆記敘〉：「余潛心《論》、《孟》集注有年，咸豐間避亂山中，嗣後
　客遊山東，授經之暇，皆以其所偶得者隨筆記之，歷今十餘年，成《讀論孟筆記》
　三卷。」參見氏著：《柏堂集·續編》，卷2，頁216。

19 方宗誠〈詩書集傳補義敘〉：「朱子《詩集傳》、蔡氏《書集傳》大體純正無疵，余
　反覆翫味有年，間嘗引申其義以發二書之大綱要旨。」參見氏著：《柏堂集·續
　編》，卷2，頁217。

20 如方宗誠〈論存養省察克治〉言：「理者，氣之主宰；氣者，理之流行，然既流
　行，則不能不有漸流漸著，漸流漸下，漸流漸支，漸流漸濁之弊矣。……然究竟理
　能主宰乎氣，故人能窮理守理，則氣質自變，氣運自移，所謂湯武反之也。性是情
　之本體，情是性之流露，然既流露，則不能不有日流日遠，日流日迷，日流日漓，
　日流日滯之弊矣。……然究竟性是情之大本，故人能居敬窮理，盡心知性，存心養
　性。」《柏堂遺書·志學錄》，卷4，頁5左。

21 方宗誠：〈論立志為學〉，《柏堂遺書·志學錄》，卷1，頁9左；〈書《拙修書室記》
　後〉，《柏堂集·續編》，卷6，頁255。

窮理，皆是聖人真血脈，與堯之欽明，一貫者也。」[22]這是強調居敬窮理即是傳自孔、曾、思的修養工夫，與儒門聖道是一貫相繼的。方氏將朱子居敬窮理的主張充分運用於經典的詮解，如闡發《論語》中「舉直錯諸枉」、「舉枉錯諸直」，[23]言：

> 居敬，則心不溺於欲，纔肯舉直錯枉；窮理，則心不昧於理，纔能分別直、枉。《集註》「大居敬而貴窮理」，又推到吾心上，所謂本原之論也，此《集註》所以有功於聖經，有功於後世。[24]

案朱子對此章的註解，僅引程子、謝良佐（1050-1103）說明「直」、「枉」之人對於民心之影響，[25]而方宗誠在此則進一步說明必先透過窮理、居敬的工夫，才能不昧理、不溺欲，如此也才能明辨直、枉之別，且有合宜舉措。顯然，方宗誠是將個人知識的學習、道德的踐履為主軸的修養方法，更廣泛的推拓成為實際處理政事的基礎，這是方氏極力顯揚朱子義理的方式。再如評述《孟子》中「明於庶物，察於人倫」[26]之義，方宗誠言：

> 明於庶物，察於人倫，即格物窮理之學也。由仁義行即正心、

---

22 方宗誠：〈論居敬致知讀書窮理〉，《柏堂遺書・志學錄》，卷3，頁11左。

23 《論語》：「哀公問：『何為則民服？』孔子對曰：『舉直錯諸枉，則民服；舉枉錯諸直，則民不服。』」《論語集注》（收入朱熹：《四書章句集注》，北京市：中華書局，2003年重印），卷1〈為政〉，頁58。

24 方宗誠：《柏堂經說・讀論孟筆記・論語》（收入《柏堂遺書》），卷1，頁12左。

25 朱子引程子之言：「舉錯得義，則人心服」；引謝良佐言：「好直而惡枉，天下之至情也。順之則服，逆之則去，必然之理也。」《論語集注》，卷1〈為政〉，頁58。

26 《孟子》：「人之所異於禽獸者幾希，庶民去之，君子存之。舜明於庶物，察於人倫，由仁義行，非行仁義也。」《孟子集注》，卷8〈離婁下〉，頁293-294。

誠意、脩身之學也。舜生知安行亦是先知後行，由格物窮理做
起，可知程朱論學為聖人正脈。[27]

方宗誠在此闡述古聖人明察庶物、人倫，亦即屬程朱所論格物致知之
屬，換言之，當是聖學之繼承者無疑。

其次，方宗誠不僅顯揚了朱子學術的道統地位，紹述、推拓了朱
子居敬窮理的工夫，更值得注意的是，方氏面對當時社會秩序、政治
局勢日趨惡化，亦不得不重新思索程朱之學在匡世濟民中的效用，進
而試圖調整、重詮理學的部分思想內涵。他分析天下治亂的關鍵：
「居恆竊嘆天下之治亂由乎人心；人心之邪正，係乎學術。百餘年
來，正學不講，士習日靡，氣節、經濟全無可恃，以致釀成潰濫之
埶。」「治之本必在乎正人心，治之機必在乎興人才。而所以扶翼人
心，培育人才之端，則又在乎學術明而師道立。」[28]依此看來，他認
為遵循的學術正確與否是天下治亂最重要的根源，而所謂的「正
學」，指的當然是程朱理學。方宗誠言：

夫流俗之病在以聖人之道為迂腐。抑思二帝三王之道行於時而
天下治，孔、孟、程朱之道不行於時而天下亂，然則聖人之道
乃救時良策，非迂論也。救時不本於聖道，則皆雜霸權謀，雖
補苴於目前流弊，究不可殫述。[29]

這段敘述，實可看出方宗誠將程朱理學與經世濟民作了連結，視之為

---

27 方宗誠：《柏堂經說‧讀論孟筆記‧孟子》（收入《柏堂遺書》），卷3，頁14左-14右。
28 方宗誠：〈與邵位西書〉，《柏堂集‧次編》，卷3，頁150；〈《四言蒙訓》敘〉，《柏堂
　　集‧續編》，卷3，頁232。
29 方宗誠：〈應詔陳言疏〉，《柏堂集‧續編》，卷21，頁389。

「救時良策」，倡言程朱理學為「明體達用」之學。方氏曾於咸豐九年（1859）將所著《俟命錄》自薦予時任山東布政使的吳廷棟，[30]並致書信闡明宋學即明體達用之學，[31]並曾勸友人宜讀朱子文集，「可觀其經濟之有本原、有實際，非小儒空談性命者可比也。」[32]又稱程朱傳注諸經典，不僅「贊孔、孟」，更能「輔堯、舜之治」，[33]顯見方宗誠認為程朱理學不僅涵括了聖人義理思想，同時也包含了致用的「經濟」。他分析「明體達用」之義涵：

> 夫學問之道非炫多鬭靡之謂也，所以求明體達用而已。體者何？吾心仁、義、禮、智之性是也；用者何？即吾心仁、義、禮、智之性發而為惻隱、羞惡、辭讓、是非之情，見之於父子、君臣、夫婦、昆弟、朋友之倫與夫日用事物之微而已，非有他也，是其體也、用也，人心之所同然也。[34]

方宗誠在此論惻隱、羞惡、辭讓、是非之情為仁、義、禮、智之性所發的觀點，實是依朱子之詮釋；[35]然而，方宗誠視仁、義、禮、智為「體」，視惻隱、羞惡、辭讓、是非之情體現於人倫事物為「用」，進

---

30 方宗誠於咸豐三年（1853）避亂山中，始作《俟命錄》，其內容主要是探究「天時人事致變之由，行己立身弭變之道」，並於咸豐九年透過儒者方潛致書吳廷棟。參見陳澹然等編：〈方柏堂先生譜系略〉，頁93-97。

31 方宗誠：〈上吳竹如先生〉，《柏堂集‧外編》，卷2，頁679，相關引述請參前揭引文，及注8。

32 方宗誠：〈復徐晉生〉，《柏堂集‧外編》，卷2，頁681。

33 方宗誠：〈校栞《漢學商兌》、《書林揚觶》敘〉，《柏堂集‧後編》，卷3，頁426。

34 方宗誠：〈讀書說〉，《柏堂集‧次編》，卷4，頁153-154。

35 朱熹：「惻隱、羞惡、辭讓、是非，情也；仁、義、禮、智，性也。心統性情者也。端，緒也。因其情之發，而性之本然可得而見，猶有物在中而緒見於外也。」《孟子集注》，卷3〈公孫丑集注上〉，頁238。

而形構出一體用關係的理解，則是方氏在當時社會講求致用思潮下對程朱理學的新理解。當然，這樣的詮解並非方宗誠獨創，在當時亦有不少學者稱程朱之學是「體用兼賅」之學；[36]然則方宗誠更依此體用架構貫徹於理學的內涵，且突出經世的重要性，如宋明理學家所論「省身」，方宗誠以為「省身者，非徒省一己而已，以是身而居於家，則一家之身皆吾身也；以是身而居於國，則一國之身皆吾身也。……家國天下，千百世之人之身皆為吾一人之身，一有未盡，必皆引為吾身之責。」[37]這是將理學向內省察的修身工夫賦予了經世新義；又如對於理學的心、性等論題，方宗誠的詮解賦予了致用的傾向，其言：

> 夫心性不得謂為高，即實德實政之及於民而具於中者是也。子
> 思曰「成己，仁也；成物，知也。性之德也，合外內之道也，
> 故時措之宜也。」政治之利弊，風俗之同異，民生之疾苦、巧
> 詐，以及治亂安危之數，是皆吾心性所具之理，一一講明，是
> 即明吾心性之理也。使實政實德及於民，是即推吾心性之用
> 也；其不能明乎此而無實政實德及於民，正由不知心性為合外
> 內之道也。[38]

在方宗誠看來，程朱之學所論心性之理，是指包括政治、風俗、民生等事理，能夠作用於民，即是「心性之用」，這正是方宗誠在「明體達用」宗旨下的闡發；換言之，心性之學在方宗誠的詮釋下成為經世

---

36 參見史革新：《晚清學術文化新論》，頁35-37。案文中論及劉蓉、夏炘亦有相近論述。

37 方宗誠：〈校訂《省身錄》敘〉，《柏堂集‧續編》，卷2，頁215。

38 方宗誠：〈與孫君書〉，《柏堂集‧續編》，卷7，頁267。

濟民的致用之學，唯有「實政實德及於民」，才是切合於聖人至道、真諦。再看：

> 夫《大學》論明、新之功，必以致知在格物為先，若舍格物以求致知，則必蹈於懸空想像，由是誠意、正心、修身、齊家、治世之道必皆將有所不能盡。顏子之學始而仰鑽瞻忽，亦尚不免憑空思索，孔子導之以博文約禮，然後能如有所立卓爾。蓋索之於虛，誠不若徵之於實，然後有真得也。然而其所謂物者，要不外於身、心、家、國之事物；所謂文者，要不外乎《詩》、《書》、《禮》、《樂》，天地民物之文。[39]
>
> 窮理、盡性須各就自己職分上做工夫，方切實。但要推究到底，擴充得大耳；泛用窮理之功，而於日用職分上事放鬆，則雖書理窮得博，性理說得精，而事物上仍是空疏，不可不察也。[40]

基本上，朱子論「格物」中的「物」，是泛指一切事物，[41]主要的目的在於透過外在事物的考究而掌握義理，並未刻意強調格究對象孰輕孰

---

39 方宗誠：〈與汪仲伊書〉，《柏堂集・續編》，卷7，頁277。案相近之文，如言「格物物字即指身心意家國天下而言。格物者，即窮身心意家國天下固有之理也，即窮誠正脩齊治平當然之理也。」《柏堂經說・讀大學中庸筆記・大學》（收入《柏堂遺書》），卷1，〈聖經一章〉，頁2左。

40 方宗誠：〈論居敬致知讀書窮理〉，《柏堂遺書・志學錄》，卷3，頁30左-30右。

41 朱子言：「上而無極、太極，下而至於一草、一木、一昆蟲之微，亦各有理。一書不讀，則闕了一書道理；一事不窮，則闕了一事道理。須著逐一件與他理會過。」又：「天下之事皆為之物，而物之所在莫不有理，且如草木禽獸，雖是至微至賤，亦皆有理。」「大而天地陰陽，細而昆蟲草木，皆當理會，一物不理會，這裡便缺此一物之理。」黎靖德編，王星賢點校：《朱子語類》（北京市：中華書局，2004年重印），卷15，頁295，楊道夫錄；卷117，頁2817，陳淳錄。

重的問題。但方宗誠則逕以「身、心、家、國之事物」為格物對象，這顯然是為求現實致用之下的刻意突顯；再者，方氏更重視踐履，在他看來，若只是博通事理，卻疏於「日用職分」上實際推究，仍是空疏而不實的，這是重視力行態度的發揚。據此，方宗誠論「聖賢之學」：

> 聖賢之學，所以無窮無達，而必要以明體達用為歸。用不用，時也，而必求明體達用者，道也。吾道既盡，則用不用可以俟之於天，不然未明體而求達用，非也；不能達用，而自以為明體，則亦豈聖賢之所謂體哉？聖賢之所謂體，以天地萬物為一體也；明天地萬物一體之義，而後其學非自私自利之學；用則施諸人，舍則傳諸書，而可為天下後世法，否則雖不懈於學，而與聖賢學問之道不相似也。[42]

上述這段文字中，方宗誠以「明體達用」為聖賢問學之依歸，並突顯了唯有致用才能呈現其價值。綜上所述，方宗誠透過格物、盡性的闡述，強化了理學中致用性的傾向；而以「明體達用」為宗旨的前提下，對於理學家所言體用之學、聖賢圖象，以及自明代以降的程朱、陸王之辨，以及乾嘉時期的漢、宋學之爭等問題，勢必亦有異於前賢的觀點。

第二節　盡倫盡物：理學思想的承繼與轉化

依上節所論，方宗誠以「體」、「用」的概念闡述對外王的關懷，

---

42 方宗誠：〈校訂《歸田自課二錄》敘〉，《柏堂集・續編》，卷2，頁213。

看似與宋明理學家一致，然而，若從經世致用的要求而言，宋明理學家講超越性質的心性體證畢竟有別於經驗層面的具體實踐；是以，調整理學內涵以因應時代環境的需求，便成了勢在必行的工作了，包括對於形上體用之學的轉化，以及在體用之學的差異下所形塑的聖賢圖象、批判心學、漢學的轉向等，均是值得進一步探究的論題。

故探究方宗誠儒學思想，包括對程朱理學的轉化、建構足以肆應時代轉變的新型態程朱理學，並以此省察道咸時期程朱理學的轉化在清代理學衍變過程中所代表的意義，即本節題旨。以下本節將從三點進行論述：首先，探究方宗誠將體用之學轉化為「盡倫盡物」實存關懷的內涵，從程朱形上的體用之學到方宗誠經驗世界的體用觀，二者本質上已有明顯的不同。其次，在體用之學的差異下，對於聖賢圖象的形塑，亦由彰顯形而上的「體道人格」轉化為講求落實於社會的「德性踐履」。再者，基於經世致用的準則，相較於方東樹對心學、漢學的嚴厲批判和辯駁以捍衛朱子的道統地位，方宗誠則轉而以實用、濟世的角度予以兼容於自身所建構的理學體系之中。最後，藉由前述的基礎，指出道咸時期的理學復興實已非宋代程朱理學的復歸，而是轉化為重視經世價值，強調具體的道德踐履以朗現政教秩序，呈顯清嘉道後程朱理學短暫興起之特質的時代意義。

一　體用之學的轉化：從「心性體證」到「盡倫盡物」

方宗誠接續方東樹尊崇程朱之學的特點，如言「確守程朱者，即確守孔孟之道者」；強調程朱所注諸經能發揮孔、孟微言要義，傳承「孔、孟之家法」，「由是孔、孟之經始能昭昭若日月之明而無或蔽」

且「論道、論學與治之言，折衷於程朱之書」，[43]這些主張程朱為儒家道統嫡傳的論述，無一不是方東樹捍衛宋學思想的重申。但在當時種種的時代焦慮之下，使得方宗誠論學轉向經世層面挪移，促使了工夫論的內涵改變，更進而轉化了體用論的內涵。

（一）工夫論的轉化：精義入神以致用

宋代理學家常以「體」、「用」概念闡發對經驗世界的關懷，他們是以「體」、「用」來說明心性之學與其他學問的關係：心性之學是「體」，其他學問是「用」，體用不可分，因此，一切學問原則上都是體之展現；換言之，程朱的體用論是一種「超越性本體及其展現」意義的學問，並且「以自我本性的體認作為最高目的」。[44]大體而言，理學的工夫論可用「涵養須用敬，進學在致知」作為概括，他們認為人的本質原具本然之理，但在現實世界中人受氣稟之異而導致昧理、悖理，故而學者必須透過即物窮理的積累（下學），藉由「主敬」的工夫，即心的凝聚專一而理解天理境界（上達），在此修養工夫過程中，即使「主敬」工夫是「豁然貫通」的關鍵，其重要性可能更甚於「窮理」，[45]但在實踐的程序上，「格物」必然有優先位置；換言之，「下學」向來為程朱理學所看重的工夫。乾嘉時期方東樹刻意突顯「下學」工夫以回應漢學家的抨擊，已相對疏略了「上達」工夫；至

---

43 方宗誠：〈再與魯生先生書〉、〈書《拙修書室記》後〉，《柏堂集·續編》，卷7，頁264、卷6，頁255；〈校刊《漢學商兌》、《書林揚觶》敘〉，《柏堂集·後編》，卷3，頁426；《讀論孟筆記·敘》，收於《柏堂遺書》，頁1左。

44 參見楊儒賓：〈作為性命之學的經學——理學的經典詮釋〉，《長庚人文社會學報》第2卷第2期（2009年），頁201-245；引文見頁210、216。

45 相關論述，參見楊儒賓：〈格物與豁然貫通——朱子〈格物補傳〉的詮釋問題〉，收於鍾彩鈞主編：《朱子學的開展——學術篇》（臺北市：漢學研究中心，2002年6月），頁219-246。

道咸時期方宗誠則言：

> 孔子曰：「下學而上達」，貪高遠而未盡下學之功，則自以為上
> 達者，終屬虛見，非真達也。下學、上達非二事，亦無二候，
> 下學一步即上達一步。故朱子曰：「但知下學而自然上達」，此
> 聖學之真脈也。《中庸》論性道極精微矣，而實不外於喜怒哀
> 樂、子臣弟友之間，達道達德之際，未有舍人事之理而貪言高
> 遠者也。天道、人道雖竝言之，然非二事，天道指其本原而言
> 之也，人道指其用力之實而言之也。[46]

從方宗誠的這段敘述，不難發現，即使在「理學」的體系內，但對於
超越義的領會已趨淡薄，轉而向經驗世界的實踐領域移動；在此，
「下學」與「人事之理」有了密切聯繫且為「上達」之基礎自不待
言，至於「上達」境界如何，顯然不屬於論究的範圍。是以，方宗誠
對於程朱理學中能夠「豁然貫通」，洞見心性本體的「居敬」（或「主
敬」）工夫著墨不多，只表示「實致窮理盡性之功不息，而久自能義
精仁熟，以至於命，所謂『但知下學而自然上達』者此也。」[47]而將
原屬心的專一工夫詮解為窮理力行的敬謹戒懼態度，言曰：

> 夫敬也者……特常存敬畏，使此心不放，為致知力行之主，庶
> 幾不離乎道耳。……曾子曰戰戰兢兢、子思曰戒慎恐懼、孟子
> 曰必有事焉，千聖相傳，只有此學，此程朱居敬之旨所由來
> 也，惟居敬則不敢不窮理，惟居敬則不敢不力行。[48]

46　方宗誠：〈與張性淵書〉，《柏堂集·續編》，卷7，頁274。
47　方宗誠：〈與魯生先生書〉，《柏堂集·續編》，卷7，頁262。
48　方宗誠：〈與潘子昭廣文書〉，《柏堂集·續編》，卷7，頁278-279。

戒慎不覩，恐懼不聞，謂君子之必常存敬畏，雖事物未交、覩聞未及之時，而戒懼一念，不敢稍忽，所以存天理之本然。[49]

程朱之學原以「窮理」、「居敬」為工夫論兩大主軸，「敬」的工夫是指心的專一涵養，能將所窮得的分殊之理貫通向「全體大用」的必要條件。而方宗誠則釋「敬」為敬畏的態度，以敬畏的態度存養、踐履事理，如此一來，「敬」的工夫由原本「上達」的關鍵轉而成為「下學」的修養態度，這一詮釋實已將理學的實踐由心性體證轉向了經驗世界層面的踐履。方宗誠進一步指出「致用」為問學唯一目標，如上節引文中曾指出：「人之所以希天之功，則全在乎即人事以窮其天理之當然，即天理以見諸人事之實際，所謂精義入神以致用也，利用安身以崇德也。」在承繼理學家以心性之學作為政教倫理依據的同時，更強調了經世的必要性，所謂「精義入神以致用」，說明其成德的概念中，心性內涵必須於外在政教倫理中呈顯。此一思維路向，乍看之下應是所有理學家共同的終極理想，但事實上已有了差異。在此「致用」原則下，即使同樣強調「格物」、「窮理」，內涵已有顯著的不同，其言：

學問之道，莫實於《大學》一書，以明德新民為規模，以格致誠正為根本，以修齊治平為究竟，如此方為有體有用。諸生為學，必真求己德，何以明民德，何以新遇一物，必窮其應物之理，有一知必擴其未知之途。意之誠不誠，心之正不正，身之修不修，皆必自反自克而無苟且以偷安。家之何以不齊，國之何以不治，必皆窮其原委，究其利弊，研之於經，驗之於史，

---

49 方宗誠：〈復魯生先生書〉，《柏堂集‧續編》，卷7，頁265。

> 反之於心，審之於當世之故，而思所以補救轉移之道。如是方
> 為實學，而有濟於世也。[50]

方宗誠視《大學》為引領士子學習道德政治的範本。在此，「心」、「意」、「知」等皆屬泛論的意識辭彙，而「誠意」、「正心」亦沒有上達、歸本天理的意義，指的是作用於社會國家規範的層面；顯見，方宗誠的理解已有別於宋代理學家的詮釋模式，原本具有超越義的本體心性之學（即成德的依據），已不再是詮釋的核心。再如有關省身、克己，方宗誠言：

> 人人各反求諸身，此存理遏欲之大閑，亦即撥亂反治之大本。
> 是以孔門論傳道之賢，必首推顏、曾。顏子之學在於克己，曾
> 子之學在於省身，克己而後能天下歸仁，省身而後知己之所在
> 與所以克之之道。是省身者，又克己之先務也，且夫省身者，
> 非徒省一己而已，以是身而居於家，則一家之身皆吾身也；以
> 是身而居於國，則一國之身皆吾身也；以是身而居於天下，則
> 天下之人之身皆吾身也。……家國天下，千百世之人之身皆為
> 吾一人之身，一有未盡，必皆引為吾身之責。[51]

「克己」、「省身」向來是理學家向內省察的修身工夫，尤其「克己」，均是就個人內在做工夫，能夠禁絕自身不符禮儀的視聽言動，使一切外在行為合理，便是「天理之流行」，所以朱子認為「克己復禮」的修養工夫乃「是人心所以為主，而勝私復禮之機也」，[52]即歸返

---

50 方宗誠：〈諭書院諸生〉，《柏堂集・續編》，卷22，頁407。
51 方宗誠：〈校訂《省身錄》敘〉，《柏堂集・續編》，卷2，頁215。
52 《論語集注》，卷6〈顏淵〉，頁131-132。

於人心所本有具足的道德本質（即「本心之全德」）而言。但在方宗
誠的詮釋下，跳脫了歸返本心的詮釋進路，「省身」工夫內涵轉向為
個己與群體（家、國、天下）間作工夫，賦予了經世新義。

（二）體用論的重構：顯揚「盡倫盡物」

方宗誠在強調「致用」的思維下，促使成德工夫有了變化，致思
的主軸由超越層面轉而重視實際事功的表現，其言：

> 窮理、盡性須各就自己職分上做工夫，方切實。但要推究到
> 底，擴充得大耳；泛用窮理之功，而於日用職分上事放鬆，則
> 雖書理窮得博，性理說得精，而事物上仍是空疏，不可不察
> 也。[53]

在方宗誠看來，若只是博通事理，卻疏於「日用職分」上實際推究，
仍是空疏而不實的，這種重視踐履力行態度的發揚，更進一步促使方
宗誠在體用詮釋上的轉化。他指出：

> 夫心性不得謂為高，即實德實政之及於民而具於中者是也。子
> 思曰「成己，成仁也；成物，知也。性之德也，合外內之道
> 也，故時措之宜也。」政治之利弊，風俗之同異，民生之疾
> 苦、巧詐，以及治亂安危之數，是皆吾心性所具之理，一一講
> 明，是即明吾心性之理也。使實政實德及於民，是即推吾心性
> 之用也；其不能明乎此而無實政實德及於民，正由不知心性為
> 合外內之道也。[54]

---

53 方宗誠：〈論居敬致知讀書窮理〉，《柏堂遺書・志學錄》，卷3，頁30左-30右。
54 方宗誠：〈與孫君書〉，《柏堂集・續編》，卷7，頁267。相近之論《柏堂集》中頗

方宗誠認為，程朱之學所論心性之理，是指包括政治、風俗、民生等事理，能夠作用於民，即是「心性之用」，在此，他是將宋代程朱所講求的個人道德自我完善的修養轉化為作用於外在群己的工夫，最終能夠達到群己無憾於政教綱常；換言之，心性之學在方宗誠的詮釋下已經由本體義涵轉化成為經世濟民的致用之學，所謂「實政實德及於民」，才是切合於聖人至道、真諦。是以，方宗誠對於體用的詮解，不僅已與乾嘉時期方東樹的理學思想異趣，更有別於宋代程朱之學。

　　按上節所論，方宗誠屢稱設學立教的終極準則為「明體達用」，事實上，「體用」一詞原即是自宋代以來理學家常用的術語，然而，細究方宗誠所用的「體用」，不難發現與程朱所論不同，方宗誠言：

> 體者何？吾心仁、義、禮、智之性是也；用者何？即吾心仁義禮智之性發而為惻隱、羞惡、辭讓、是非之情，見之於父子、君臣、夫婦、昆弟、朋友之倫與夫日用事物之微而已，非有他也，是其體也、用也，人心之所同然也。聖人先得我心之所同然，故其體無不具，而用無不周，性中情和，盡倫盡物，既修之於身，施之於事，因而坐之於言以示天下後世之人，使皆知所以明其體而達諸用焉。[55]

方宗誠將「體」視為人倫禮樂的層次，「用」則是政教措施領域的展現，講求的是「盡倫盡物」的社會理想。這是在當時社會講求致用思潮下對程朱理學的一種轉化，建構以經世為核心思想的新型態理學。因此，在這個「明體達用」的判準下，方宗誠會推崇二程弟子游酢

　　多，如〈校訂歸田自課二錄敘〉、〈校訂《省身錄》敘〉、〈跋《二曲集》後〉，《柏堂集·續編》，卷2，頁212-213、215；卷5，頁249。
55 方宗誠：〈讀書說〉，《柏堂集·次編》，卷4，頁153-154。

（1053-1123）所錄二程之語為朱子纂取之餘，更言「其政事絕人又屢見於諸儒之所稱述」，為「體立用行之醇儒」；[56]稱譽講求「輔治之方，究極時弊，而參酌古今以為補救之策」的徐棟（1792-1865）乃「得古人明體達用之遺意」；[57]推薦曾上書朝廷陳言治國方針的倭仁（1804-1811）為「體用兼賅」之儒，足以勝任帝師之職。[58]這些都是著眼於其新型態的「體用」觀而立論的。

二　聖賢圖象的轉化：從「體道人格」到「德性踐履」

儒家品鑑聖賢圖象的傳統，可追溯自孔子稱頌堯舜、品題弟子，至孟子稱譽伯夷、伊尹、柳下惠，[59]基本上均是構築於道德的修養；後有魏晉時期《人物志》、再至宋儒發展出「觀聖賢氣象」、尋繹「孔顏樂處」作為修養工夫，強調自覺地成聖成賢為人生終極的目標。[60]

---

56 方宗誠：〈校梓游定夫先生集敘〉，《柏堂集・續編》，卷2，頁221。

57 方宗誠：〈校訂歸田自課二錄敘〉，《柏堂集・續編》，卷2，頁213。

58 方宗誠：〈應詔陳言疏〉，《柏堂集・續編》，卷21，頁389。

59 如〈泰伯〉：「大哉，堯之為君也！巍巍乎，唯天為大，唯堯則之」、「巍巍乎，舜、禹之有天下也，而不與焉」。〈公冶長〉：「子貢問曰：『賜也何如？』子曰：『女器也。』曰：『何器也？』曰：『瑚璉也！』」「由也，千乘之國，可使治其賦也，……求也，千室之邑，百家之乘，可使為之宰也，……赤也，束帶立於朝，可使與賓客言也，……。」〈萬章下〉：「伯夷，聖之清者也；伊尹，聖之任者也；柳下惠，聖之和者也；孔子，聖之時者也。」《論語集注》，卷4，頁107、卷3，頁76-77；《孟子集注》，卷9，頁315。

60 牟宗三勾勒出中國人學發展脈絡，包括「孔孟立德性」、「魏晉開智悟與美趣」、「宋儒以超越領域統一德性、智悟、美趣」三階段，以宋儒能契合孔孟「內在道德性」，故能開拓新的成德之學，正式拈出「觀聖賢氣象」此一自覺工夫為人生的終極目標，因此言「觀聖賢氣象」自宋儒筆始。蔣年豐則援引《論語》、《孟子》為例證，指出觀聖賢氣象應溯於先秦，非如牟氏所論始於北宋諸儒。其後有學者指出，蔣年豐從文獻來檢討牟宗三哲學基礎下的人學架構，顯得單薄無力，但蔣氏論說的更重要意義在於提出西方解釋學開發中國經學精神的新視域及研究方法。參見牟宗

隨著時代環境的變化，即使是同為理學家的方宗誠，由於所重視的義理內涵轉變，因此其所提揭的聖賢人格型態、詮解的孔顏樂處自然有別於宋儒，此一轉換後的標準，具體表現出其時代特質的聖賢人格型態。

（一）聖賢氣象：人文道德世界中的完滿人格特徵

對於儒家而言，氣象指的應是內在德性展現於外在形體的表徵，即如《孟子》所言：「君子所性，仁義禮智根於心，其生色也，睟然見於面，盎於背，施於四體，四體不言而喻。」[61]聖賢君子的氣象透過文獻記載傳述，供予儒者解讀其思想與生命精神內涵，且亦由於時空及個人思想傾向的差異，而有不同的詮釋與擇取。

理學家善言儒者氣象，其內在所含藏的哲理思想與境界，透過現代學者的研究成果，[62]已可勾勒出一清晰圖象。在宋代理學語境下，理想的人格型態並不侷限於社會道德層面，而是一種與天地萬物圓融合一的境界，呈現的是超越經驗層面的體證成果；因此，在宋代理學家的著作中，藉由觀鳶飛、魚躍、雞雛、窗前草、驢鳴等天地萬物來

三：〈「人物志」之系統的解析〉收入氏著：《才性與玄理》（臺北市：臺灣學生書局，1962年），頁50、64-66；蔣年豐：〈品鑑人格氣象的解釋學〉，收入氏著：《文本與實踐（一）：儒家思想的當代詮釋》（臺北市：桂冠圖書公司，2000年8月），頁1-23；吳冠宏：〈人物品鑑學之新向度的探索——從蔣年豐〈品鑑人格氣象之解釋學〉一文談起〉，《成大中文學報》第27期（2009年12月），頁1-36。

61　《孟子集注》，卷13，〈盡心上〉，頁355。

62　如前註所論牟宗三、蔣年豐，另如楊儒賓：〈變化氣質、養氣與觀聖賢氣象〉，《漢學研究》第19卷第1期（2001年6月），頁103-136；〈孔顏樂處與曾點情趣〉，收入黃俊傑主編：《東亞論語學：中國篇》（上海市：上海華東師範大學出版社，2011年），頁21-42；盧其薇：《朱子聖賢氣象研究》（臺南市：成功大學中國文學系碩士論文，2006年）；林永勝：〈作為樂道者的孔子——論理學家對孔子形象的建構及其思想史意義〉，《清華中文學報》第13期（2015年6月），頁5-48等。

體現道體的生生不息；[63]所謂「言體天地之化，已剩一體字，只此便是天地之化，不可對此個別有天地」，[64]這是對於人的內在德性與天地同一根源性的逆覺，亦即聖賢氣象與天地氣象相通，其身上展露的氣象也就是天地的氣象，這種天人合德的語言是屬於本體論的語言；此時聖賢人格所指涉的概念是人性回復到本體論意義的先天狀態之體證，也就是一種「體道人格」的顯現。[65]當然，這樣的聖賢雖仍承擔了政教倫理的責任，但更重要的是能夠在具體生活中展現超越的本性，此一「體道人格」的聖賢氣象作為後儒在成德進路上欣慕、傚效的典範，深具理學思想工夫論之意蘊。

　　方宗誠以經驗世界的人倫政教領域取代了程朱性命之學超越層面之意義，具體表現於理學家傳統命題「觀聖賢氣象」。方宗誠禮讚聖賢曰：

> 《書》記堯之氣象曰：允恭克讓；舜之氣象曰：溫恭允塞；舜稱禹曰：不矜不伐；子貢形容夫子之氣象，曰：溫、良、恭、儉、讓；顏子願無伐善無施勞；程子，一團和氣，……吾質偏於剛直躁率，須常以聖賢此等氣象存於胸中。[66]

上述聖賢包括上古聖王、孔子（西元前551-前479年）、顏淵（西元前

---

63 程顥、程頤：《二程遺書》：「『鳶飛戾天，魚躍于淵，言其上下察也。』此一段子思吃緊為人處，與『必有事焉而勿正心』之意同，活活潑潑地。」「觀雞雛，此可觀仁。」「周茂叔窗前草不除去。問之，云：與自家意思一般。子厚觀驢鳴，亦謂如此。」（上海市：上海古籍出版社，2000年12月），卷3，〈二先生語三〉，頁111、112。

64 程顥、程頤：《二程遺書》，卷2，〈二先生語二上〉，頁67-68。

65 參見楊儒賓：〈變化氣質、養氣與觀聖賢氣象〉，頁116-121。案：「體道人格」一語引自楊儒賓：〈孔顏樂處與曾點情趣〉，尤其頁40-42。

66 方宗誠：〈論存養省察克治〉，《柏堂遺書·志學錄》，卷4，頁6左-6右。

521-前481）、程顥等人，除程顥為宋儒之外，其於均是宋代理學家常品鑑的對象。方宗誠承襲了此一鑑裁人物的傳統，同樣極度稱美三代、先秦聖賢，然而，其擇取的面向顯然與宋儒有了差異，背後反映方宗誠價值意識。引文中所稱美的「允恭克讓」、「溫恭允塞」、「不矜不伐」、「溫、良、恭、儉、讓」、「無伐善無施勞」均是著眼於德性踐履的形體表徵，是一種具體的溫潤謙和精神，尤其形容孔子「溫、良、恭、儉、讓」一語，是方宗誠再三致意的聖賢氣象，如申述朱子注《論語》「孝弟也者，其為人之本與」章中「與者，疑辭，謙退不敢質言也」，方宗誠言：「『謙退不敢質言』，乃儒者氣象也，學者宜玩味此意，以為涵養德性之助。」[67]對於《論語》「夫子溫、良、恭、儉、讓以得之」，方宗誠闡曰：「子貢第就夫子之氣象能感人者言耳」。[68]這些聖賢的實質德性表徵雖然沒有超出宋代理學家形構的聖賢氣象之中，但就宋代理學家而言，超越的體證人格應該才是更高、更核心價值的展現。而方宗誠強調的都是生活實踐中的親切下手處：

> 知孔子者，當日惟顏子喟然一章為得其真，故周子曰：「發聖人之蘊，教萬世無窮者，顏子也。」子貢能知聖，然畢竟不離窺測擬議，如曰「夫子之文章可得而聞，夫子之言性與天道不可得而聞」，終不免離文章、性道為二；「夫子之牆數仞，不得其門而入」、「夫子日月也，無得而踰焉」、「夫子之不可及也，猶天之不可階而升也」，皆晚年學成之語，然愈形容愈高遠、愈不親切，惟「夫子溫、良、恭、儉、讓以得之」一語為善，形容有道者氣象，餘則皆無下手處，不似孔子、顏子之言，令

---

67 方宗誠：《柏堂遺書・讀論孟筆記》，卷1，頁3右。
68 方宗誠：《柏堂遺書・讀論孟筆記》，卷1，頁5右。

人當下可學。[69]

從方宗誠著重「實踐」、「致用」的學術性格來看，便不難理解他會擇取「溫、良、恭、儉、讓」為孔子氣象作為「當下可學」之處，相較於宋儒在天人性命之學的基礎上以「元氣」、「天地」、「無跡」[70]等抽象高邈境界的描述，方宗誠對超越層面的淡化是十分顯著的；換言之，聖賢圖象已由「體道人格」轉化為經驗層面中道德活動的呈顯。方宗誠將聖賢氣象限縮在一般德性精神，與宋儒以心性本體論為基礎所建構的聖賢氣象，實已是不同的取向了。

此外，考察方宗誠以「聖人氣象」為訓釋經典文義之判準，更可見其將聖賢氣象由形上的自然世界挪移到人文世界的情形。如《論語·為政》中「今之孝者，是謂能養。至於犬馬，皆能有養；不敬，何以別乎？」方宗誠質疑朱子所註解「若能養其親而敬不至，則與養犬馬者何異」，將父母比配為犬馬之說，他認為：

> 聖人出詞氣斯遠鄙倍，以犬馬配父母，立言雖曰「深警」人子之詞，然與聖人之氣象疑若有不相似者。考舊註包咸云：「犬以守禦，馬以負乘。皆養人者」，是以犬馬比人子而言，此正解也。《集註》用何晏之說，謂人養犬馬，似不可從。[71]

---

69 方宗誠：〈論立志為學〉，《柏堂遺書·志學錄》，卷1，頁17左-18右。

70 程顥、程頤著，王孝魚點校：《二程集》（北京市：中華書局，1981年），卷5，頁76。案原文：「仲尼，元氣也；顏子，春生也；孟子，并秋殺盡見。……仲尼，天地也；顏子，和風慶雲也；孟子，泰山巖巖之氣象也。觀其言，皆可以見之矣。仲尼無跡，顏子微有跡，孟子其跡著。」

71 方宗誠：《柏堂遺書·讀論孟補記》，卷1，頁1右-2左。案：朱子注：「言人畜犬馬，皆能有以養之，若能養其親而敬不至，則與養犬馬者何異。甚言不敬之罪，所以深警之也。」參見：《論語集注》，卷1〈為政集注〉，頁56。

又如《論語・公冶長》「宰予畫寢。子曰『朽木不可雕也……』子曰『始吾於人也……』」章中出現兩次「子曰」，朱子引胡寅（1098-1156）所言「『子曰』疑衍文，不然，則非一日之言也。」作為說明。方宗誠則言：

> 此節胡氏疑「子曰」為衍文，似猶未盡聖人氣象；謂其「非一日之言」，則誠得當日之情事。……聖人責人詞不迫切而反復激厲，一片肫摯之氣流露於言外，記者特加「子曰」二字以別之，此正傳神之妙。[72]

再如《論語・雍也》「子謂仲弓曰犛牛之子騂且角」章中，方宗誠反駁朱子《集注》「仲弓父賤而行惡，故夫子以此譬之。」言：

> 《集註》謂「仲弓父賤而行惡」，雖有所本，恐非確據，且稱人之子而喻其父為犛牛，辭氣輕猥，似不合聖人氣象。[73]

這三則文字中，方宗誠所述及的「聖人氣象」，全就聖人言語辭氣而論，彰顯的是一種具體生活情境裡的如實氣度氛圍。程朱理學中所形構自性圓滿體證者已被方宗誠改塑成實踐德性而受人感知者，其間的差異，已不言而喻了。

---

72 方宗誠：《柏堂遺書・讀論孟補記》，卷1，頁4左-4右。案：朱子注文參見《論語集注》，卷3，〈公冶長集注〉，頁78。

73 方宗誠：《柏堂遺書・讀論孟補記》，卷1，頁5右-6左。案：朱子注文參見《四書章句集注・論語集注》，卷3，〈雍也〉，頁85。

（二）孔顏樂處：由實功實得而來

論及「聖賢氣象」，自然涉及另一理學家們討論修養境界中不可忽視的議題——孔顏樂處。自周敦頤要求二程「尋顏子、仲尼樂處，所樂何事」，後有程顥引《論語》「吾與點也」的贊悟、[74]程頤作〈顏子所好何學論〉，對於描述內在體悟的「孔顏樂處」闡述始終不絕，與朗現精神境界表徵的「聖賢氣象」，同是歷來理學家共同關懷的論題。雖然，宋明儒者們的闡發也因著各思想家義理的側重處不同而有差異，然大體而言，宋明理學家所詮釋的孔顏之樂指的是天人合德的沛然自覺體驗，其意蘊實是超越《論語》中所載孔子「飯疏食飲水，曲肱而枕之」、顏子「一簞食，一瓢飲，在陋巷」的「樂亦在其中」、「不改其樂」[75]的安貧生活表徵，正如程顥所言：「簞、瓢、陋巷非可樂，蓋自有其樂耳，『其』字當玩味，自有深意」，[76]指的即是天人性命理趣況味的境界。

方宗誠對於朱子詮解《論語》「飯疏食飲水」章言「聖人之心，渾然天理，雖處困極，而樂亦無不在焉」，評論言：

> 《集註》「聖人之心，渾然天理」，是發明所以「疏水曲肱，樂在其中」之故。然則欲尋孔子之樂，須在去欲存理上做工夫。老、莊、列、佛之流，亦能視不義之富貴如浮雲，以其能在去欲上用功，所以亦樂；然去欲而不知存理，連天理亦以為障而去之，所以又落邊見矣。[77]

---

74 程顥、程頤：《二程遺書》，卷2，〈二先生語二上〉，頁66；〈二先生語三〉：「某自再見茂叔後，吟風弄月以歸，有『吾與點也』之意。」卷3，頁112。

75 《論語集注》，卷4〈述而〉，頁97；卷3〈雍也〉，頁85。

76 程顥、程頤：《二程遺書》，卷12，〈明道先生語二〉，頁182。

77 方宗誠：《柏堂遺書‧讀論孟筆記》，卷1，頁36左。

類似觀點還有：

> 疏水曲肱之中有義存焉，盡吾義而無毫髮之憾，何樂如之？世
> 人處貧賤患難，不知在其中盡義，而但思在其外，求樂所以長
> 戚戚也，不然則一味曠達，而於義有歉，亦不顧此。又老、莊
> 之樂，非聖人之樂矣。[78]

這兩段看似延展程朱理學思想的論述，實有一共同特色，即是對於程
朱理學所謂「孔子之樂」的內涵有所擇取。方宗誠指出「孔子之樂」
在於「須在存理去欲上做工夫」、「盡吾義而無毫髮之憾」，此說避免了
懸空而抽象的渾然化境語言使人混同於老、莊，且明確指出，踏實的
踐履工夫才是獲致「樂」的唯一正途；方宗誠的闡述淡化了孔顏之樂
的超越義，強調的是體證天理流行之後仍須將此道德動能付諸實踐，
這種具體道德意蘊層面的樂，是方宗誠更加重視且追求的，他說道：

> 周子令二程尋仲尼、顏子樂處，所樂何事，此周子喫緊為人處
> 也。愚思孔子之樂，從發憤忘食得來；顏子之樂，從克己復
> 禮、不遷怒、不貳過得來；孟子之樂從反身而誠、仰不愧、俯
> 不怍得來。學者玩此數章，則知尋樂下手工夫矣。[79]
> 顏子心不違仁，所以樂。周子懼人走入寬廣放蕩一路，但以游
> 行自在為樂，如莊周逍遙遊之類，而不知求全其仁，如每令程
> 子尋仲尼、顏子樂處，所樂何事。知其所樂何事，然後知孔顏
> 之樂與莊周大有不同矣。程子引而不發，朱子亦不為之說，但

---

78 方宗誠：〈論存心謹言慎行處境〉，《柏堂遺書・志學錄》，卷2，頁10左-10右。
79 方宗誠：〈論立志為學〉，《柏堂遺書・志學錄》，卷1，頁14右。

謂「學者當從事於博文約禮之誨，以至於欲罷不能，既竭其才，則庶乎有以得之矣」，其意何也？蓋樂是實得後之效驗，實得從實功來，否則雖知所樂何事，仍是孔顏之樂，非己之樂，無實得也。[80]

由於方宗誠思索的「樂」在於「存理去欲上做工夫」、「盡吾義而無毫髮之憾」，因此他從《論語》內容中搜檢出「發憤忘食」、「克己復禮、不遷怒、不貳過」、「博文約禮」等具體的修養臻於極致後的實得效驗代表孔顏之樂；是以，尋繹孔顏之樂的要旨不僅在於體察聖賢樂道者的境界，更重要的透過自身的實踐以獲取此「樂」。依此，更進一步來看，方宗誠所理解的孔顏之樂，同時也已經預設了孔顏之學的內涵。按理學傳統來說，孔子是「樂在其中」，臻至「無跡」的至聖；顏子是「不改其樂」，僅次於聖人的「微有跡」者，故而理學家常勸勉學者「學顏子之學」。[81]雖方宗誠同樣推崇顏子為孔門中地位最高者，稱顏子是聖門諸子中聞夫子之言「尤能語之不惰」、「直下承當」者，[82]然而，對於顏子之學的內涵，已有別於宋儒所詮解的「體天之學」，[83]轉化成現實生活的德性踐履，在《論語・公冶長》「子謂子貢曰女與回也孰愈」章中，朱子詮解子貢贊顏子「聞一以知十」，言「顏子明睿所照，即始而見終」，方宗誠分析：

---

80 方宗誠：《柏堂遺書・讀論孟筆記》，卷1，頁28右-29左。

81 如周敦頤曰：「志伊尹之所志，學顏子之所學。」朱熹：《通書注》，收入朱人傑等編：《朱子全書》（上海市：上海古籍出版社，2002年，第13冊），頁107；程子曰：「學者要學得不錯，須是學顏子」、「人當學顏子之學」。程顥、程頤：《二程遺書》，卷3，〈二先生語三〉，頁114；卷12，〈明道先生語二〉，頁182。

82 方宗誠：《柏堂遺書・讀論孟筆記》，卷2，頁11左；〈論從祀賢儒學術事迹〉，《柏堂遺書・志學錄》，卷8，頁5左。

83 參見楊儒賓：〈孔顏樂處與曾點情趣〉，頁28-29。

> 顏子明睿，子貢非不有也，惟顏子之學專用心於德行，語之不惰，得一善拳拳服膺，知行並進，則智慧日生，所以能「明睿所照，即始而知終」。子貢之學，始未免聰明，外用不能似顏子之反躬實踐，心體力行。[84]

再看方宗誠論析《論語・衛靈公》「子曰吾嘗終日不食，終夜不寢，以思，無益，不如學也。」言曰：

> 思是懸空悟道，學是腳踏實地去做工夫。學字包知行，如即物窮理，即事盡道，則知一件是一件，行一件是一件，皆是實得。「舜明於庶物，察於人倫，由仁義行」，此千古真正學脈。……顏子仰、鑽、瞻、忽、始亦是在思上用功；後來博文約禮，方是在學上用工夫，與孔子此章一般。[85]

方宗誠在此引用了《孟子・離婁下》中屬於踐履層次的「明於庶物，察於人倫」作為「千古真正學脈」，這樣的擇取視角亦與過去理學家從心性主體入手而聚焦於「由仁義行」的詮釋有所不同；所謂「得一善拳拳服膺，知行並進」、「博文約禮，方是在學上用工夫」，強調的是具體的踐履。顯然，方宗誠是將顏子之學置於人文世界的倫理教化場域中看待，經驗層的社會文化責任是其主要的考量，這樣的聖賢之學已經很難看出如宋代理學家以心性論為基礎的理路軌跡，反而是近於乾嘉漢學從克己修身的角度來看待道德實踐的問題，所偏重的是對外王的期許。因此，比較朱子與方宗誠在《論語》著名「子路、曾

84　方宗誠：《柏堂遺書・讀論孟筆記》，卷1，頁21左-21右。案：朱子注文參見《論語集注》，卷3〈公冶長集注〉，頁77。
85　方宗誠：《柏堂遺書・讀論孟筆記》，卷2，頁28左。

皙、冉有、公西華侍坐」章裡曾點所言「暮春者，春服既成。冠者
五、六人，童子六、七人，浴乎沂，風乎舞雩，詠而歸。夫子喟然歎
曰：『吾與點也』。」的詮解路徑，便可輕易看出二者旨趣有頗大差
異。朱子言：

> 曾點之學，蓋有以見夫人欲盡處，天理流行，隨處充滿，無少
> 欠闕。故其動靜之際，從容如此。而其言志，則又不過即其所
> 居之位，樂其日用之常，初無舍己為人之意。而其胸次悠然，
> 直與天地萬物上下同流，各得其所之妙，隱然自見於言外。視
> 三子之規規於事為之末者，其氣象不侔矣，故夫子歎息而深許
> 之。[86]

朱子視曾點之言展現了心性修養究極的成果，意即「天理流行」的境
地，且能悠然於內而從容地顯露於外。至於方宗誠則言：

> 曾點之胸次超然者，以有見於「天理流行，隨處充滿」，而無
> 分外之想也。使當治賦、足民、相禮樂之時位，則即治賦、足
> 民、相禮樂，亦是春風沂水之樂也，素位而行，何所矜張？
> 若當其時位而有羨於春風沂水，亦為願外，非素位而行之道
> 矣。……曾點是見到素位而行之道……然曰「異乎三子者之
> 撰」、曰「夫三子者之言何如」，則亦似有鄙夷三子意思，在夫
> 子曰「亦各言其志也已矣」，見得都是一般，不必分別。……隨
> 分位而為之，則即治賦、為宰亦即是天理流行，豈有異哉？[87]

---

86 朱熹：《論語集注》，卷6〈先進集注〉，頁129-131。
87 方宗誠：《柏堂遺書·讀論孟筆記》，卷2，頁8右-9左。

有別於朱子自然渾化境界的詮釋，方宗誠則在淡化心性之學、削減超越面相的思想性格下，將春風沂水的境界轉化成「實然」的經驗世界，因此，春風沂水之樂與治賦、足民、相禮樂都是「天理流行」的呈現，其間的差異，乃在於「素位」、「時位」罷了。換言之，在方宗誠看來，孔子認肯曾點之處，在於曾點掌握了聖人胸懷落實於政教場域的原則——「素位而行之道」。方宗誠對「吾與點也」的自得欣趣的理解，與朱子所論有顯著的差異，此一不同，正是義理層面的認知傾向差距所在。

三　學術論辯的轉化：從「捍衛道統」到「體身實用」

朱子承繼北宋理學思想，結合個人心性之學、政治理念與實踐在《中庸章句・序》中確立了具體傳道統緒的道統理論。[88]此後道統觀進入儒學發展史，列入道統系譜的傳承者代表學術正統，[89]除了關係

---

88 朱熹：「蓋自上古聖神繼天立極，而道統之傳有自來矣。其見於經，則『允執厥中』者，堯之所以授舜也；『人心惟危，道心惟微，惟精惟一，允執厥中』者，舜之所以授禹也。……自是以來，聖聖相承：若成湯、文、武之為君，皋陶、伊、傅、周、召之為臣，既皆以此而接夫道統之傳，若吾夫子，則雖不得其位，而所以繼往聖、開來學，其功反有賢於堯舜者。然當是時，見而知之者，惟顏氏、曾氏之傳得其宗。及曾氏之再傳，而復得夫子之孫子思，……自是而又再傳以得孟氏……故程夫子兄弟者出，得有所考，以續夫千載不傳之緒。」參見氏著：《中庸章句》，〈中庸章句序〉，頁14-15。案：關於朱子建立道統之研究，參見張永儁：〈宋儒之道統觀及其文化意識〉，《臺大文史哲學報》，第38期（1990年12月），頁275-312；饒宗頤：《中國史學上之正統論》（上海市：上海遠東出版社，1996年）；張亨：〈朱子的志業——建立道統意義之探討〉，收入氏著：《思文之際論集：儒道思想的現代詮釋》（臺北市：允晨文化公司，1997年11月），頁285-349；陳逢源：〈宋儒聖賢系譜論述分析——朱熹道統觀淵源考察〉，《政大中文學報》第12期（2010年6月），頁75-116。

89 本文所言「系譜」，非指（法）傅柯（Michel Foucault, 1926-1984）以追溯文化形式和權力關係形構的宗譜學概念，而是較近於漢族中「譜牒」之意，即家族世系、血統關係：一方面追溯光榮的祖先，以明家世顯赫；一方面記錄值得書寫的光榮歷

著學術思潮主流地位，更牽涉政治勢力、社會利益的支配，故而在儒者的諸多論述中，往往寄寓著競取正統的意識。自朱子在建構道統論的過程，即曾與當時儒者陸象山、陳亮（1143-1194）就傳承聖賢之系譜、義理思想等相互辯駁；[90]其後則有陽明學者以良知學為顏子之傳爭取學術正統，對於程朱學偏重曾子為聖學真傳典範的挑戰意味甚為鮮明；[91]明儒於天順、成化後，往往藉由著作、[92]私修學術史以彰揚程朱學統或興起的陽明心學；乾嘉時期漢、宋學論爭中，方東樹對漢學的抨擊，實即為道統傳承之爭的呈現。

方宗誠論學雖歸本程朱理學，但在當時外在環境鉅變之下，他所崇奉、呈顯的理學思想已有了顯著的變化，如前所述，此時其關注的焦點不再如方東樹以捍衛朱子道統地位為職志，而是在於將程朱理學與躬行實踐、現實致用的工夫結合起來，在此學術準則下，對於漢學、心學的評述自然有別於清中葉宗奉程朱之儒者。先看方宗誠對於辨論學術的主張：

> 竊以謂吾輩為學宜急於辨人品之真偽，無急於辨學術之異同；宜急於辨吾心之理欲，無急於辨他人之是非。觀魯《論》一

史。葛兆光言：「這種系譜以及更接近傳統歷史想像的道統，重心在於追認過去的歷史，確立當下的合法性，而不太考慮盡可能恢復哲學或思想的歷史，或者說，它在很大程度上，它以『道統』或者『系譜』代替了歷史。」參見葛兆光：〈道統、系譜與歷史：關於中國思想史脈絡的來源與確立〉，《文史哲》2006年第3期，頁48-60，引文見頁48。

90 參見張亨：〈朱子的志業——建立道統意義之探討〉，頁309-325。

91 參見呂妙芬：〈顏子之傳——一個為陽明學爭取正統的聲音〉，《漢學研究》第15卷第1期（1997年6月），頁73-92。

92 如劉欣怡：〈王圻《續文獻通考·道統考》中的「文獻」與「道統」觀析論〉，《中國文哲研究通訊》第18卷第3期（2008年9月），頁25-38；陳祖武：〈從《聖學宗傳》到《理學宗傳》〉，《中國學案史》（臺北市：文津出版社，1994年4月），頁55-109。

書，凡論君子、小人者數十章，其曰「女為君子儒，無為小人儒」、「古之學者為己，今之學者為人」、「是聞也，非達也」，此孔子之辨學術也。《孟子》一書，凡論義利、王霸者數十章，其曰「仁義而已矣，何必曰利」、「以力假仁者霸，以德行仁者王」、「墨子兼愛是無父也」、「楊子為我是無君也」，此孟子之辨學術也，要皆攻邪不攻偏，攻偽不攻正，爭理欲不爭異同。[93]

又言：

學之不講久矣，語及正學、言及先儒，大都笑而不應，甚或疾之如讎。其有才智者，又或耳食一二正言，全不知體之於身，施諸實用。[94]

方宗誠在這兩段文字中，除批評當時論辯學術者之失，也指出學術在致用層面的實踐成效，所謂「體之於身」、「施諸實用」，才是論學的終極目的，這顯然是在「明體達用」的宗旨下所彰顯的特色；而且方宗誠以孔、孟辨學為據，提出了「攻邪不攻偏」、「攻偽不攻正」、「爭理欲不爭異同」的辨學原則，依此，對於心學、漢學的辯駁，仍呈現了不同於乾嘉時期宋學家的傾向。

（一）論心學：各取其長去其偏

方宗誠宗主程朱之學，並分析各家思想差異之因，曰：

---

93 方宗誠：〈復劉岱卿書〉，《柏堂集・前編》，卷4，頁79。
94 方宗誠：〈復方魯生先生書〉，《柏堂集・前編》，卷4，頁82。

古之聖賢求道則同，而用功不一，蓋各就己之氣質上磨礱，各
就己之嗜好上克治，各就己之知識上擴充，各就己之地位上處
置，大要歸於天理之正而已。……程子主敬，朱子格物窮理，
固孔孟之正脈也；即象山先立大、陽明致良知、念臺慎獨，其
學皆有所偏，不如周、程、張、朱得聖學之全，然亦是各有致
力處，各有得力處，其後因各以其致力而得力者以為宗。……
所以講說處雖有不合，而大倫大節究無不同，學者於古人之
書，當以四子五經及宋大儒程朱之言為主，其餘亦當各取其長
去其偏，以為己益而用功。[95]

方宗誠從個人嗜好、知識、地位的差異而論各家在求道的不同，雖各
有所偏，無法臻於程朱而為「孔孟之正脈」，但畢竟仍各具所長，究
極於「大倫大節」之目標是一致的，故而方宗誠主張以「各取其長去
其偏」的方式來看待心學。他評論自明代以來考究程朱、陸王關係的
諸多主張，言：

夫象山、陽明之學，舍居敬窮理而以立大體、致良知為言，其
似是而非之閒，誠不免有毫釐千里之判。然其中亦多有心得之
妙，務反求而不喜外馳，非盡無善可取也。若宗之者執其非以
為是，而辨之者又或立言太過，雖其是者亦屏絕以為不足觀；
其為和同之論者，則又不辨是非，而徒為一切籠蓋之說，是皆
未能析之精而得其公與平者也。[96]

方宗誠批評陸、王二人揭舉「立大體」、「致良知」的修養工夫乃似是

---

95 方宗誠：〈論立志為學〉，《柏堂遺書・志學錄》，卷1，頁13左-13右。
96 方宗誠：〈讀《陽明先生拙語》敘〉，《柏堂集・續編》，卷3，頁233。

而非，固然失諸正道，但同時亦認為不能全然否定心學價值；因此，後世無論是推崇者的全盤肯定、否定者的一切摒除、或調和者的籠統概說，恐怕都是有欠公允的，在此他肯定了陸王心學「務求反而不喜外馳」的特點，應是相較於乾嘉漢學專主於訓詁考據工夫而論，且最終極之目標仍在於心體至善完滿，故認為陸王心學雖不及程朱之學，但「亦莫不有孔子之道」。[97]方宗誠曾述及自身對於陸王心學態度之轉變：

> 往者宗誠妄論先儒學脈，不喜陸王，深為先生所斥。因取陸王書虛心體翫，乃知其言失者固多，而其得者亦閒有合於孔、孟教人之旨，雖解說文字閒與程朱不同，而究其修己淑世之心，無非欲以明天理、盡人倫為極則，偏駁誠所不免，直詆為異端亦過也。[98]

方宗誠由先前拘執學脈之見而「不喜陸王」，至後來部分的認同，以陸王心學有「修己淑世之心」而將之排除於「異端」之列，呈顯的是講求現實生活致用的意旨。相較於方東樹批評「功業在一時，學術在萬世」[99]以回應清初學者湯斌由陽明外在功業而尊護其學術教法；方宗誠的態度有了極大的轉向，他從陽明、劉宗周外在事功上回溯其思想價值：

---

97 方宗誠：〈復劉岱卿書〉，《柏堂集・前編》，卷4，頁79-80。
98 方宗誠：〈復方魯生先生書〉，《柏堂集・前編》，卷4，頁81。
99 方東樹〈切問齋文鈔書後〉，《攷槃集文錄》，卷5，頁335。案方東樹：「湯潛菴推陽明功業而竝護其學術，不知功業在一時，學術在萬世。學術誤則心術因之，心術壞則世道因之。陽明率天下以狂而詈朱子為洪水猛獸，其罪大矣。當日宸濠之事，即無陽明，一良將足以辦之，孰輕孰重，以潛菴之賢，猶黨同倒見，況於無真識而託忠厚之名者哉！」

陽明所以折權姦於方熾，定大變於呼吸，羽書旁午，從容自
在；讒謗交加，毫不動心，未始非平日致良知之功也？是豈得
謂之非好學哉？……念臺之學之得失亦猶是耳，觀其居身、居
官、夷險一節，從容就義，亦豈非由平日慎獨誠意之功
哉？……是故陸王諸儒之學可以謂之偏，不可謂之為異端；諸
儒之學雖偏，而實能力行以至其極，今之宗程朱者，亦必能力
行以至其極，而後為賢於諸儒焉；不然，雖所見中正勝於諸
儒，究不若諸儒之實有所得也。[100]

是以，方宗誠對於陸王心學的反省，實如現代學者所指具有不爭門戶
的融合傾向之晚清儒學特質，[101]更重要的是在思想上呈現了鮮明的致
用性傾向。若就致用性傾向加以考察，將不難發現，方宗誠在「力行
以至其極」的原則下，對於心學思想內涵的辨述，其焦點不再鎖定於
傳統理、氣、心、性等脈絡，其關懷的重點自然轉移至修養工夫的檢
視，因此方宗誠屢以「廢格物窮理之功」為陸王心學之「偏」，言：

老、莊、楊、墨、陸、王豈非君子哉？即其立言之意，皆是一
片救世之心，惟窮理工夫未到，見識偏著一邊，而自以為合於
中正之道，所以為學術之差也。[102]
辨陽明者多罪其以致良知為宗，不知果不廢格物窮理之功，則
雖以致良知為宗，固與朱子無倍也；辨念臺者多罪其以慎獨誠
意為宗，不知果不廢格物窮理之功，則雖以慎獨誠意為宗，亦

---

100 方宗誠：〈復玉峰先生書〉，《柏堂集・前編》，卷4，頁83。

101 車冬梅：〈析晚清理學學術特徵〉，《西北大學學報（哲學社會科學版）》第39卷第4
期（2009年7月），頁48-51。

102 方宗誠：《柏堂遺書・讀論孟筆記》，卷2，頁12右。

與朱子無倍也。即如象山之先立其大、白沙之主靜、甘泉之體
認天理，皆何嘗不有益於學者，惟一廢格物窮理之功，乃生弊
耳。[103]

方宗誠此處評論宋明心學家之失，不是在於思想內涵差異，而是從
「格物窮理」入手，以此判定於儒門偏、正之別，在他看來，不僅陽
明「致良知」、蕺山「慎獨誠意」，甚至象山「先立其大」、陳獻章
（1428-1500）「主靜」、湛若水（1466-1560）「體認天理」等諸說，
皆只得儒門聖學之一隅，而主要的偏失，即在於思想體系中排除了朱
子格物窮理之學。這樣的理解，似乎頗有粗疏之疑，且不免遭未能掌
握心學思想之譏，更與清初程朱學者如張烈（1623-1686）作《王學
質疑》、嘉道時期方東樹作〈辨道論〉、〈跋《南雷文定》〉、晚清唐鑑
（1778-1861）作《國朝學案小識》以強勢的態度鞏固朱子在儒門唯
一道統和學統繼承者，有著極大差別，但卻也同時彰顯出在致用的目
標下，儒學內部論辯內容的變化。方宗誠論析陸象山之學言：

學之偏全、大小、純駁雖有不齊，而其大本之正則初無二致，
豈可排之拒之與釋、老同絕邪？余嘗觀其《遺書》，攷其《年
譜》，如謂心即理也、注腳六經……皆不得不謂之偏蔽，前賢
論之盡矣。宗陸子者，猶必力主是說，誠可謂不善學者也；然
論者因其偏蔽之失，而竝其篤實親切正大精微之論、卓絕之行
而棄之，甚或欲屏黜之，使不得與從祀之列，則亦過矣。夫孔
子之門，惟顏、曾為傳道大賢，其餘七十子之徒，皆有通有
蔽，有得有失。程朱之學，顏、曾正脈也；陸子之學，比於其

---

103 方宗誠：〈復玉峰先生書〉，《柏堂集・前編》，卷4，頁83。

餘七十子之徒，不亦可乎！[104]

論陽明、蕺山之學言：

> 竊謂念臺先生之學，以慎獨誠意為宗，其所謂慎獨誠意者，與
> 朱注《大學》之慎獨誠意名同而實異，大旨在存養本原，為萬
> 事之本，故其言曰吾心有獨體焉，是乃天命之性，而率性之道
> 所由出也。又曰意者心之所存（自注：當云性者心之所
> 存）……陽明氏出，憤末學之支離，以為天下之理即在吾心，
> 而以致良知為教，其所謂致良知者，亦似《大學》明明德，朱
> 子所謂因其所發而遂明之之意也。[105]

方宗誠將象山與程朱的地位，比喻為孔門中七十子之徒與「正脈」的
顏、曾，在他看來，自宋明以來理學內部學說立場上屢屢針鋒相對的
程朱、陸王兩派，似乎並無對峙的必要；至於蕺山的慎獨誠意之說、
陽明以致良知為教，方氏同樣認為可與朱子的《大學》詮釋相比附而
不悖，這樣的理解，若從二者在本體思想脈絡上來看，當然大有問
題，但是在「無急於辨學術之異同」、「攻邪不攻偏」的基本原則下，
淡化理學內部間的差異，成為必然的趨向。

（二）論漢學：不切「反諸身心，推之政事」

至於主導清代學術主流的漢學，方宗誠的態度亦不像族兄方東樹
作《漢學商兌》嚴辭駁斥漢學家對宋學的訾議，且強烈攻擊漢學家們
義理思想，表達護持朱子在儒門正統而展現出十分明確的排他性。基

---

104 方宗誠：〈陸象山先生集節要敘〉，《柏堂集‧續編》，卷2，頁220。
105 方宗誠：〈復玉峰先生書〉，《柏堂集‧前編》，卷4，頁82-83。

本上，方宗誠仍是在致用的前提下來評述漢、宋學，其言：

> 乾嘉間號為漢學之徒者，往往有其博而不能有其精，甚且議論
> 偏詖，矜其一得而詆誣程朱，大貽學者心術之害；其宗宋儒之
> 學者，又或但習膚淺之說，硜硜自守而遺其精實博大、明體達
> 用之全規，反授世儒以口實，斯二者皆不足與於真儒之數也。
> 孔子曰「由也升堂矣，未入於室也。」漢儒如伏、毛、許、鄭
> 之於經，譬之則升堂則矣；至宋程、朱，特由其說而精求之，
> 以至於入經之室者耳。今慕升堂者深詆入室為非，而慕入室者
> 謂可不由升堂而至，是皆未得其門而互鬩於市者乎？[106]

方宗誠認為，乾嘉時期無論是尊漢或尊宋的儒者，均不免失之偏頗，
皆不足為「真儒之數」。相似的觀點，屢見於方宗誠的論述中，乍看
之下，引文的內容似乎頗符晚清學術所具漢宋兼采、漢宋調合者之特
質，[107]然而若細究方宗誠將漢儒比擬為孔門升堂者，而宋儒則為入室
者，則二者輕重高下便判然可知；再者，所謂入室必然須先由升堂而
至，則表示宋儒之成就實仍延續、發展於漢代學術，則漢代學術與宋
代學術實為前後相承續的關係，不必然是完全相對立的。由此看來，
方宗誠所持宋學立場與方東樹並無二致，但處理漢、宋學之異的方
式，則有明顯不同。他只是將漢學納入了自身的宋學，實際上歸本宋
學的學術立場並未動搖系統。是故，對於漢學家窮盡精力於訓詁工

---

106 方宗誠：〈編次夏氏三書敘〉，《柏堂集·續編》，卷2，頁219。

107 相關說法頗多，如朱維錚：〈漢宋調合論——陳澧和他未完成的《東塾讀書記》〉，
收入氏著：《求索真文明——晚清學術史論》（上海市：上海古籍出版社，1996
年），頁44-61；龔書鐸：〈晚清儒學的變化〉，收入氏著：《社會變革與文化趨向：
中國近代文化研究》（北京市：北京師範大學出版社，2005年1月），頁121-138。

夫，方宗誠批評言：

> 近世博學之士，殫精畢力於訓詁名物之末而不求其切要者，以
> 反諸身心、推之政事，專事穿鑿坿會，以為箸書立名之資，其
> 於經也，不亦遠乎？……嘗歎漢儒之守章句，宋儒之明義理，
> 其解經雖精麤不同，然皆能實得於心而致之於用。朝廷論大
> 事、決大獄，往往執經以斷，而不徒為空言。故其時學術治道
> 非後世所及。嗟乎！世教之興，豈不賴經學之士無昧其本原也
> 哉？[108]

方宗誠在此強調「反諸身心，推之政事」才是問學的終極目標，學者
治經必須著眼於「世教之興」的前提下，才具意義；因此，只要能
「致之於用」，訓詁工夫自然不應摒除於學術之外。是以，舉凡專注
於訓詁名物卻不切於「反諸身心，推之政事」者，便成為方宗誠批判
的對象，其言：

> 近世學者往往不務讀正經正史以求實德實用，而好觀後人所著
> 穿鑿之註釋、破碎之義理、隱怪之故實、無益之攷證、浮華之
> 詩文，以誇博覽，宜其成就不逮古人遠也。[109]

又批評自乾隆中葉以來，儒者之失：

> 乾隆中葉，當是時天下承平，儒學甚盛，通經博古之士，探奇
> 索賾，爭以箸述名於時，然多濡染西河毛氏之習，好攻詆程

---

108 方宗誠：〈校訂《養性齋經訓》敘〉，《柏堂集・續編》，卷2，頁219。
109 方宗誠：〈論居敬致知讀書窮理〉，《志學錄》，卷3，頁3右。

朱，排屏義理之學，雖其攷證名物、象數訓詁、音韻之閒，亦
多有補前賢所未逮者，而逐末忘本，探尋微文碎義而昧於道德
性命之大原，略於經綸匡濟之實用，號為經學，而於聖人作經
明道立教之旨反晦焉，細之蒐而遺其巨，華之摘而棄其實，豈
非蔽與？且亦未曠觀於古今治亂升降之故矣。[110]

這段引文是方宗誠為刊刻方東樹《漢學商兌》、《書林揚觶》所作敘
文，文中不滿乾嘉儒者「攻詆程朱」，此一態度與方東樹如出一轍；
然而，細繹方宗誠的論述，即可發現，所謂「略於經綸匡濟之實
用」、「未曠觀於古今治亂升降之故」，是悖反了聖人「作經明道立教
之旨」，這恐怕才是方宗誠所更加關注的部分；換言之，此時方宗誠
論辨的動機，已從「爭正統」所伴隨而來的全面嚴峻抵斥轉化為依
「致用性」程度而斥其有所「蔽」了。在方宗誠的著作中，對於訓詁
名物的批評均由此而發，如言：

近世博學之士，殫精畢力於訓詁名物之末而不求其切要者，以
反諸身心、推之政事，專事穿鑿坿會，以為箸書立名之資，其
於經也，不亦遠乎？[111]
若徒日窮年佔畢，溺志文藝，非真好學也，必於經書中獨能深
體力行，通其全體大用，而後可謂真經學；若徒即訓詁名物、
旁搜博攷，非真經學也。[112]

相較於方東樹抨擊漢學家「只向紙上與古人爭訓詁形聲」、「反之身己

---

110 方宗誠：〈校栞《漢學商兌》《書林揚觶》敘〉，《柏堂集・後編》，卷3，頁426。

111 方宗誠：〈校訂《養性齋經訓》敘〉，《柏堂集・續編》，卷2，頁218-219。

112 方宗誠：〈論立志為學〉，《志學錄》，卷1，頁6左-7右。

心行，推之民人家國，了無益處，徒使人狂惑失守」、「虛之至者」¹¹³的激切辭語，方宗誠所述內容雖與之相近，但由於關注的主軸不同，辭氣亦隨之有所差異而轉趨緩和了。然而，這並不意味著方宗誠模糊了漢、宋之別，對於清初顧炎武（1613-1682）主張「理學之名，自宋人有之，古之所謂理學，經學也。」及後來全祖望（1705-1755）歸結為「經學即理學」一語，¹¹⁴方宗誠言：

> 夫六經之書，皆載堯舜以來聖賢德行政事，學者修己治人之理，明體達用、內聖外王之道具在於是，則謂經學即理學，誠至論也。然惟程朱數子之經學足以當之。若漢唐諸儒之注疏、正義，其補於經訓者固多，其穿鑿細碎而背理本者亦殊不少，不得謂經學即理學也。……後世不知經為明理之書，而專事訓詁名物制度之末，傅會支離；程朱者起，提要鉤元，發揮精蘊，使人於六經必反求其理而無陷於買櫝還珠之弊焉，此萬世中正之則也。而理學之名遂由是而起，末學之士聞其精微之說，不反求其原於六經，高明之徒甚或以六經皆我注腳，荒經蔑古，空談性命，陷於邪說詖行，其病乃由不知窮理而徒求於心。……先生（案：亭林）不知其為不窮理之弊，而但以為不窮經之弊，立說偏宕，於是承學之士務明經學而不求其理，溺於訓詁名物文義小學，而凡古聖賢明體達用、內聖外王之大經

---

113 方東樹：《漢學商兌》，卷中之上，頁276。

114 顧炎武言：「理學之傳自是君家弓冶，然愚獨以為理學之名，自宋人始有之。古之所謂理學，經學也，非數十年不能通也。」全祖望載：「（亭林）晚益篤志六經，謂『古今安得別有所謂理學者，經學即理學也。自有舍經學而言理學者，而邪說以起。不知舍經學，則其所謂理學者，禪也。』」參見顧炎武：《顧亭林詩文集・亭林文集》（臺北市：漢京文化事業公司影印標校本，1984年），卷3，頁58；全祖望：《鮚埼亭集・亭林先生神道表》（臺北市：臺灣商務印書館，1965年），頁144。

　　大法，全然不省，以為是經學也，經學日多而理益晦，理益晦
　　而經學亦名存而實亡。[115]

在這段評述中，方宗誠藉由肯定「經學即理學」一語，衍化為程朱理
學即為經學的思考脈絡，以此對各時代儒者治經進行批駁：除了漢唐
專事訓詁名物而無義理已由程朱鉤抉、發揚義理外，此後的陸王「不
知窮理而徒求於心」、乾嘉漢儒「務明經而不求其理」、「溺於訓詁名
物文義小學」，皆失於偏頗，這是程朱理學與心學、漢學之別。是以
在方宗誠看來，顧炎武「但見舍經學而言理學者，邪說由此興；而烏
知近世舍理學而言經學者，邪說之橫流更甚哉？」[116]至於顧炎武為矯
明末儒者空言心性之弊而力詆心性之學，方宗誠同樣依自身所衍化的
「經學即理學」義涵加以辯駁，他以《論語》中「行己有恥」即「恥
其或虧於心性」、「博學於文」即「求明夫心性之理」為例，指出明代
空言心性固然必須厲禁，但「非學者不當言心性而必以為厲禁」，[117]
因此方宗誠批評顧炎武：

　　國朝二百年來，學者多流於支離雜博，與程朱為水火，其大旨
　　皆祖先生之說，心性之汩沒，日甚一日，或亦先生立言過當，
　　有以啟之者與！[118]

方宗誠將清初以來儒者治學疏於心性之學歸咎於在清代漢學奠基有重
要地位的顧炎武「立言過當」所致，這樣的批評，足見方氏對於漢、

---

115 方宗誠：〈書《顧亭林先生年譜》後〉，《柏堂集·續編》，卷5，頁248。
116 方宗誠：〈書《顧亭林先生年譜》後〉，《柏堂集·續編》，卷5，頁248。
117 方宗誠：〈書《顧亭林先生文集》後〉，《柏堂集·續編》，卷2，頁147-148。
118 方宗誠：〈書《顧亭林先生文集》後〉，《柏堂集·續編》，卷2，頁148。

宋學的分野仍是十分明確的,即使未如過去宋學家提出嚴詞抨擊,但宋學立場的態度仍十分堅定。案清代學術發展來看,清儒自戴震、焦循以來未嘗疏於心性之學的相關論述,在其所建構異於程朱理學體系下的義理思想,心性論亦屬不可或缺之一環,惟乾嘉義理中的「心性」自然不同於程朱所論之心性。然而,方宗誠顯然無視或完全否定乾嘉義理之價值,是以,引文中的「心性」之學,自是方宗誠心中所指唯一──即程朱理學,這在某種程度上,亦是其論述漢、宋學之辨中,尊宋黜漢的表現。

四　結語

　　方宗誠在研讀《論語・先進》孔子問眾弟子「如或知爾,則何以哉」一語時,曾曰:「此語最足發人深省。學者莫不欲世用,試內問於心,到底有濟世之實否?予每誦此語,如冷水澆背也。」[119]足見,當時知識分子對於自身的期許,不再是講求個人心性超越的體悟問題,取而代之的是如何於現實世界的實際作為。這樣的思想主軸,不僅不同於宋代程朱理學的究極境地,事實上也已經有別於乾嘉時期的宋學樣貌。如果說方東樹是以辯駁異己的方式來捍衛程朱的道統地位,且在乾嘉學風影響下削弱了心性體證在理學位階的高度;那麼,方宗誠則可說是在道咸時期理學復興之際,從正面來表彰程朱道統,並將程朱的體用之學由心性層面轉化為政教倫理領域。從方東樹的理學論辯到方宗誠倫理教化導向的體用觀,即使他們在論述中運用了不少與宋代程朱理學共同的辭彙,但實已分屬不同類型的體用之學了。

　　藉由考察方宗誠思想,實可勾勒出晚清理學的轉化情形。首先,

---

119 方宗誠:《柏堂遺書・讀論孟筆記》,卷2,頁8右。

超越面向的淡化，影響所至，是以「致用」為首出的觀念，主導了道咸時期的理學內涵。其次，淡化超越面向的結果，對於聖賢典範的形塑，乃從「體道人格」轉為「德性踐履」的要求，因此，由修身至外王的層次成為論說主軸，心性層面的探求，乃相對隱而不彰。最後，此一致用傾向表現在對心學、漢學的批判上，呈顯出有別於乾嘉時期宋學家的主張，對於理學內部中程朱、陸王之爭，轉而強調心學在社會領域的理想與理學一致；而對漢學的批評，亦不再以爭道統承繼為目標，而是從疏於身心、無助於政事為抨擊。這是在當時社會講求致用思潮下對程朱理學的一種轉化，建構以經世為核心思想的新型態理學，深具其時代意義。

附記

（1）本章第一節刪改自〈明體達用──方宗誠尊朱思想及其學術論辯〉而成，原曾於2013年4月20-21日宣讀於臺灣大學中國文學系、中國經學研究會主辦「第八屆中國經學國際學術研討會」，會議地點：臺灣大學文學院，修訂稿刊載於《孔孟學報》第91期（2013年9月），頁243-268；後並收錄於《第八屆中國經學國際學術研討會論文選集》（臺北市：萬卷樓圖書公司，2015年3月），頁521-543。

（2）本章第二節刪改自〈清道咸時期程朱理學的轉化──以方宗誠思想為觀察線索〉而成，原發表於《政大中文學報》第26期（2016年12月），頁219-250；係為一〇三學年度科技部補助專題研究計畫部分研究成果，計畫編號：MOST：103-2410-H-130-034。

第貳編
理學社群建構與實踐

　　本編考察道咸時期唐鑑再官京師講學所聚攏的士人，在肆力於程朱思想的學術準則下形成的理學社群，透過日課、纂述等學術活動，擴大了理學的影響，呈顯晚清理學短暫復興的情形。過去學者論究晚清理學大都以個別思想家為主軸，雖在闡述理學復興中亦有涉及儒者彼此交遊論學，但專論京師理學社群之研究鮮少[1]，更遑論擴及社群各種學術活動所展現之理學思想的時代特色。本編追索道咸時期京師理學社群的建構與實踐，包括日課活動中對程朱理學內涵的掌握與轉化，以及在纂述學術史相關著作中捍衛程朱理學之意涵，並以此省察道咸時期京師理學社群在清代理學衍變過程中所代表的意義。

1　目前僅見張晨怡：〈清道光年間理學士人在京交游述論〉，中國人民大學請史研究所網路資料，2006年6月；李陵：〈唐鑑講學京師與晚清理學群體的形成〉，《蘭州學刊》2008年第7期，頁137-140。

第三章
日課：清道咸時期京師理學社群的建構及修養工夫

　　清代理學先後出現過兩次發展興盛時期：一次是在康熙潮的振興，一次是在晚清咸、同時期的振興，這是理學歷史發展中的一環，自不應忽視；且理學在清代始終存在著影響力，[1]直至晚期仍持續發揮一定的社會教化作用，同時更是近代經世思想的淵源。[2]道咸時期宦遊於精師的理學家們所興起的「日課」活動，即是鮮明的代表。

1　如梁啟超（1873-1929）《清代學術概論》即述及程朱之學在清代受抨擊與因襲的情形，《中國近三百年學術史》中則專立一章〈程朱學派及其依附者〉；錢穆著《中國近三百年學術史》首章更明言清代學術乃淵源於宋學，且「漢學諸家之高下淺深，亦往往視其所得於宋學之高下淺深以為判」；陸寶千《清代思想史》中則有〈康熙時代之朱學〉、〈晚清理學〉二章闡述程朱之學在清代的發展，足見程朱理學在清代仍具有一定的影響力而不應被忽視。參見梁啟超：《清代學術概論》（臺北市：臺灣商務印書館，1993年12月），頁6-8、《中國近三百年學術史》（北京市：東方出版社，1996年3月），頁119-129；錢穆：《中國近三百年學術史》（臺北市：臺灣商務印書館，1995年臺2版），上冊，頁1；陸寶千：《清代思想史》（臺北市：廣文書局，2006年3版），頁119-162、頁323-438。

2　清政府以理學為官方學術，士大夫藉理學晉階，民間則以理學為道德法則、文化宗仰。參見張昭軍：〈程朱理學與晚清社會〉，《雲南大學學報（社會科學版）》第10卷第5期（2011年5月），頁16-26；〈聖賢學問與世俗教化——晚清時期程朱理學與綱常名教關係辨析〉，《孔子研究》2008年第4期，頁82-94。此外，黃克武藉由《切問齋文鈔》之分析指出，過去學者解釋近代經世思想興起原因時多強調清今文經學復興的重要性，但事實上，清代理學內部演變的經世精神或許更具關鍵地位。參見氏著：〈理學與經世——清初「切問齋文鈔」學術立場之分析〉，《中央研究院近代史研究所集刊》第16期，頁37-65。另可參見李細珠：〈試論嘉道以來經世思潮勃興的傳統思想資源〉，《廣東社會科學》2005年第3期，頁110-117。

　　所謂「日課」，是一種自律的讀書方式，即每日訂定閱讀分量，限期計功，以求日有所得；並時時自我省察，以收及時踐履之效。這種「日課」的讀書方式，雖可溯源於《論語》「日知其所亡，月無忘其所能」[3]之精神，然大量出現於儒者進德修業工夫的論述中，則是在程朱理學盛行之際。[4]

　　朱子所提揭「理一分殊」的架構中，典籍是反映先聖先賢言行在世界的展開與實踐，代表著各種具體、獨立的分殊之理（所謂「物物一太極」），治學者應透過平實的格究工夫以窮得各個分殊之理，才能豁然貫通的達到「眾物之表裡精粗無不到，吾心之全體大用無不明」，[5]即「理一」（所謂「統體一太極」）的境界；其中，由於分殊之理遍及一切事物，勢必要經過長期積累的過程，方能透顯至理，故而即有學者以朱子臨終之言「積累日久，心與理一」為朱子一生堅持的信念，稱朱子解經方式為「積累之經學」。[6]這種「積累」的概念，透過「日課」的工夫具體呈現，在朱子論述讀書方法時，便一再出現：

> 讀書不可不先立程限。政如農功，如農之有畔。為學亦然，今之始學者不知此理，初時甚銳，漸漸懶去，終至都不理會了。此只是當初不立程限之故。[7]

3　朱熹：《論語集注》，《四書章句集注》（北京市：中華書局，2003年重印），卷10〈子張第十九〉，頁189。

4　有關宋代儒者日課之序述，參見韓立平：〈日課：宋代流行的讀書法〉，《博覽群書》2012年第12期，頁86-89。

5　朱熹：《大學章句》（收入《四書章句集注》），頁7。

6　楊儒賓：〈「積累」與「當下」──時間隱喻下的經典詮釋〉，收入氏著：《從《五經》到《新五經》》（臺北市：臺灣大學出版中心，2013年5月），頁59-97。案：朱熹之言，參見蔡沈：〈夢奠記〉，《蔡氏九儒書》（收入《四庫全書存目叢書》臺南市：莊嚴文化事業公司，1997年，集部46，總集類存目三），頁793。

7　黎靖德編，王星賢點校：《朱子語類》（北京市：中華書局，2004年重印），卷10，〈讀書法上〉，頁174。

學者當以聖賢之言反求諸身，一一體察。須是曉然無疑，積日既久，當自有見。[8]

先看《語》、《孟》、《中庸》，更看一經，卻看史，方易看。先讀《史記》，《史記》與《左傳》相包；次看《左傳》，次看《通鑑》，有餘力則看全史。[9]

上述與「日課」相關的內容，說明了朱子不僅重視「日課」在學習上的成效，同時亦規範了研讀典籍的先後次序，並要求讀書所得必須反求諸己的體證。此一讀書方法對後世產生了深遠的影響：元代程端禮（1271-1345）便以朱子讀書法為基礎撰寫《程氏家塾讀書分年日程》，在當時成為官方頒布詔示天下學子的讀書準繩；[10]至清代，該書被納入書院章程，大量刊刻頒行，或以此為準則進行增刪，提供學子自我評判的標準，[11]這都是朱子讀書法的延續，透過各種書院學規的制定，自有一明確的軌跡可循。除此一讀書法的規範傳承之外，考察「日課」工夫對於程朱理學的傳衍情形，以及當時理學家藉由會課活動所建構的群體關係，應有更為明確的釐析。本章即以道咸時期唐鑑（1778-1861）、吳廷棟（1793-1873）、倭仁（1804-1871）、曾國藩（1811-1872）等人為中心的京師理學群體為考察對象，梳理他們在

8　黎靖德編，王星賢點校：《朱子語類》，卷11，〈讀書法下〉，頁181。

9　黎靖德編，王星賢點校：《朱子語類》，卷11，〈讀書法下〉，頁195。

10　參見宋濂等撰：《新校本元史并附編二種》（臺北市：鼎文書局，1977年），卷190，列傳第77，頁4343；黃宗羲撰，全祖望補訂，王梓材增補：《增補宋元學案》（臺北市：臺灣中華書局，1965年重印），卷87，〈靜清學案〉，頁3左-17右；張偉、刑書緒：〈程端禮及其《讀書分年日程》〉，《寧波大學學報（教育科學版）》第26卷第6期（2004年12月），頁39-43。

11　徐雁平：〈《讀書分年日程》與清代的書院〉，《南京曉庄學院學報》2006年第3期，頁113-119。

「日課」工夫的徹底發揚情形，探求其對於此一時期理學復興的影響，以及對程朱理學的承繼與轉化。

第一節　道咸時期理學的復興及其思想特徵

　　道咸年間，接踵而至的西方軍事入侵與太平天國禍事使得清廷內外混亂之勢更甚於前，以唐鑑、吳廷棟、倭仁、曾國藩為首的理學士人受到朝廷拔擢，促使講求程朱理學的風氣藉由政治權力而受強化與推動；[12]加上師友弟子如方宗誠（1818-1888）、方潛（1809-1868）、何桂珍（1817-1855）等人推波助瀾，於是受乾嘉漢學壓抑的宋學重新活躍起來，其中影響最鉅者，首推道光二十年（1840）自金陵至北京任太常寺卿期間講學的唐鑑：

> 生平學宗朱子，篤信謹守，無稍依違。及再官京師，倡導正學。蒙古倭仁、湘鄉曾國藩、六安吳廷棟、旌德呂賢基、昆明何桂珍、羅平竇垿，皆從鑑問。鑑嘗語倭仁曰：「學以居敬窮理為宗，此外皆邪徑也。」又曰：「人知天之與我者，至尊且貴；則我重物輕，便有不淫、不移、不屈氣象。」倭仁悚然。語國藩曰：「讀書有心得，不必輕言著述。」又曰：「經濟之學，即在義理內。」又曰：「檢攝於外，祇有『整齊嚴肅』四字，持守於內，祇有『主一無適』四字。」國藩謹誌其言。[13]

---

12 有關晚清咸、同年間程朱理學復興與政治的關係，參見史革新：〈程朱理學與晚清「同治中興」〉，收入氏著《晚清學術文化新論》（北京市：北京師範大學出版社，2010年9月），頁1-30；車冬梅：《晚清理學學術研究》（西安市：西北大學中國思想文化研究所博士論文，2005年），頁17-25。

13 不著編纂，王鐘翰點校：《清史列傳·儒林傳》（北京市：中華書局，1987年11月），卷67，頁5400。

方宗誠亦記載了當時所攏聚的京城士子：

> 嘉道間，海內重熙累洽，文教昌明，而闇然為己之學，兢兢焉
> 謹守程朱之正軌，體之於心，修之於身，用則著之為事功，變
> 則見之於節義，窮則發之於著述，踐之於內行，純一不雜，有
> 守先待後之功者，聞見所及約有數人：長白倭文端公、霍山吳
> 竹如先生，官京師時與宗師何文貞公、湘鄉曾文正公、羅平實
> 蘭泉侍卿，日從善化唐恪慎公講道問業，不逐時趨；其時在下
> 位者，則有湘鄉羅羅山先生，桐城方植之先生、永城劉虞卿先
> 生，俱無所師承，而砥節礪行，為窮理精義之學。[14]

上述記載蒙受唐鑑「講道問業」者，包括誨誠京師名臣倭仁「學以居
敬窮理為宗，此外皆邪徑也」；[15]提揭「懲忿窒慾，遷善改過」以臻
「不遷怒、不貳過」予吳廷棟效法；[16]囑何桂珍編修《續理學正宗》；
勸勉曾國藩應以《朱子全集》為檢身之要、讀書之法，並言「經濟之
學，即在義理之內」；[17]以及士子羅澤南（1807-1856）、方東樹

---

14 方宗誠：〈校勘何文貞公遺言書敍〉，《柏堂集・餘編》（收入《清代詩文集彙編》，
　上海市：上海古籍出版社，2010年清光緒6年至12年刻本），卷3，頁582。案：有關
　追隨唐鑑問學的相關記載，亦可參見曾國藩：〈皇清誥授通奉大夫二品銜太常寺卿
　諡確慎唐公墓誌銘〉，參見唐鑑：《唐確慎公集》（收入《清代詩文集彙編》，上海
　市：上海古籍出版社，2010年清光緒元年刻本），頁475；徐世昌等編纂，沈芝盈、
　梁運華點校：《清儒學案・鏡海學案》（北京市：中華書局，2008年10月），卷140，
　頁5512。

15 倭仁：《倭文端公遺書・日記》（臺北市：華文書局，1968年清光緒元年求我齋刊
　本），卷4，頁215；亦見於《清史列傳・儒林傳》，卷67，頁5400-5401。

16 吳廷棟〈劄記〉，《拙修集》（收入《清代詩文集彙編》，上海市：上海古籍出版社，
　2010年清同治16年六安求我齋刻本），卷2，頁329。

17 曾國藩：《曾國藩全集・日記》（臺北市：漢苑出版社，1976年），〈問學〉，辛丑7
　月，頁353。案文中言：「又至唐鏡海先生處，問檢身之要，讀書之法。先生言當以

（1772-1851）、撰寫《理學宗傳辯正》的劉廷詔等人，均成為日後道咸時期理學復興的重要代表人物。

　　此時理學家致力於將程朱理學與躬行實踐、現實致用的工夫結合起來，[18]成為經世濟民的致用之學，尤其強調體用兼備的觀點，如本書第二章方宗誠所言「天理以見諸人事之實際，所謂精義入神以致用也，利用安身以崇德也。若不能致用崇德，雖使精義入神，見於文字之間者，可以取名於後世，而究無當於身心國家之實用。」[19]賀熙齡（1788-1846）亦曾載唐鑑為學：

> 奉程朱為的：主敬以立其體，忠恕以致其用，非有裨於身心意知之理者，不以關其慮也；非有關於天下國家之故者，不以用其功也。[20]

再如吳廷棟回應咸豐帝（1851-1861）質疑「學程朱者多迂拘不通」時，言：

> 此正不善學程朱之故。程朱以明德為體，新民為用，乃由體達用之學；天下斷無有體而無用者，其用不足，必其體尚多缺陷，凡臨事迂拘不通，正由平日不能如程朱之格物窮理，而徒

《朱子全集》為宗。時余新買此書，問及，因道此書最易熟讀，即以為課程，身體力行，不宜視為瀏覽之書。」

18 王汎森：《中國近代思想與學術的系譜》（臺北市：聯經出版事業公司，2003年），頁23-38；車冬梅：〈析晚清理學學術特徵〉，《西北大學學報（哲學社會科學版）》第39卷第4期（2009年7月），頁48-51；朱淑君：〈系譜重建與經世復歸：咸同時代理學復興的學術特徵考察〉，《文藝評論》2011年第2期，頁158-161。

19 方宗誠：〈答莊中白書〉，《柏堂集‧續編》，卷7，頁277。

20 賀熙齡：〈唐確慎公集序〉，收入《唐確慎公集》，頁473。

資記誦，非學程朱之過也。[21]

上述諸說論者皆強調「致用」、「致其用」才是窮究經典、程朱之學的極致目的，一切以契合「天下國家之故」、「身心國家之實用」為學術價值的標準；是故，唐鑑以主敬、忠恕為程朱之學的體用關係，吳廷棟言「由體達用」之學，方宗誠亦屢言：「明體達用，非研窮宋儒之書，其道末由。」又言：「學者窮經，所以明體達用也。」「窮理者當由本及末，由麤入精，然後可以明體達用。」[22]均以體、用關係來論述理學內涵，且緊扣著現實致用。基本上，宋明理學家常以「體」、「用」的概念來闡發對外王的關懷，他們所謂的「明體達用」之論亦可屢見於各理學家的論述中。但宋明儒者是以「體」、「用」來說明性命之學與其他學問的關係：性命之學是「體」，其他學問是「用」，體用不可分，因此，一切學問原則上都是體之展現，換言之，程朱的體用論是一種「超越性本體及其展現」意義的學問。[23]至於晚清儒者所論析體用之意涵，吳廷棟言：

幼讀程朱之書，知君臣、朋友之倫皆關吾性分，故不敢寄情物外，且深知性分至實，故信性之為體，不容參以虛無，而辨之極嚴；亦深知體立而後用行，故於日用酬應之際，凡稍涉干求、稍近名利，不敢開枉尺直尋之漸……。蓋欲以明德為體，而不矜語靈明；以新民為用，而不馳騖管商。[24]

---

21 吳廷棟：〈召見恭紀〉，《拙修集》，卷1，頁322。

22 方宗誠：〈上吳竹如先生〉，《柏堂集・外編》，卷2，頁679；〈春秋傳正誼敘〉、〈與汪仲伊書〉，《柏堂集・續編》，卷2，頁211；卷7，頁277。

23 參見楊儒賓：〈作為性命之學的經學——理學的經典詮釋〉，《長庚人文社會學報》第2卷第2期（2009年），頁201-245；尤其214-218。

24 吳廷棟：〈與方存之學博書（辛酉）〉，《拙修集》，卷9，頁466-467。

吳廷棟言明德為體、新民為用,進而形構出一體用關係的詮解,即是晚清儒者在當時社會講求致用思潮下對程朱理學的新觀點。同時,並依此體用架構貫徹於理學的內涵,且突出躬行踐履的重要性,如曾國藩曾勸勉士子於義理、考據、辭章、經濟似刻中以義理為先,然必須體現於現世生活之中:

> 凡人身所自具者,有耳目口體心思。日接於吾前者,有父子兄弟夫婦;稍遠者有君臣,有朋友。為義理之學者,蓋將使耳目口體心思,各敬其職,而吾倫各敬其分,又將推以及物,使凡民皆有以善其身,而無憾於倫紀。[25]

足見,曾國藩所論的義理之學,踐履是相當重要的內涵,在他看來,唯有致用才能呈現其價值。晚清諸理學家透過體用關係的闡述,強化了理學中致用的傾向;在重視踐履的前提下,除了希冀能以理學匡救當時衰敗的政治社會情勢外,另一方面對於切身的修養工夫,則是闡揚理學循序漸進、恆心持守的日課方式為最大特色。

第二節　日課的內容及意義

以載錄每日讀書所得、省察言行等一切修悟之事作為切身進德修業的工夫,是晚清理學家修養工夫的特色。如倭仁「日必有記,存心發慮、一言一動必省察而克制之,不使有一毫之自欺」,讓後學者「讀之令人心沈氣斂」;[26]方宗誠曾將自身問學、存養日記編錄成《志

---

25 曾國藩:〈勸學篇示直隸士子〉,《曾國藩全集・雜著》,頁348-349。
26 方宗誠:〈節錄倭文端公遺書跋〉,《柏堂集・後編》,卷6,頁460。

學錄》一書，於序文中說明受其師許鼎（1782-1842）囑咐：「先生命
每日讀書、應事、窮理、省身，有疑悟即隨筆以記，因為《志學錄》
數卷就正先生，先生時為剖其是非，辨其疑似。」[27]唐鑑立書院學規
中有「勸學」條，要求學子「每日溫經幾卷，讀史幾卷，於所讀書得
新知幾處、於所不知者從先生問得幾條，自立課程登記。」[28]可見，
撰寫日課不僅需持續不斷，同時也交由其師友剖辨得失，以收窮理、
克治之效，這是屬於基本的模式；另外，亦有同儕士人定期會聚，相
互批閱日課、談論所學，進一步砥礪勸勉的會課活動，如倭仁在師從
唐鑑之前，便與河南同鄉李棠階（1798-1865）、王鈵（1801-1841）、
高欽中（1815-1869）等人以陽明心學為主軸「立社為課，互相勉
勵」；[29]後問學於唐鑑，轉向崇奉程朱理學，在當時攏聚的大臣士子
中，結識吳廷棟、曾國藩等人，並持續會課活動。吳廷棟致弟家書中
敘述了倭仁日課情形：

> 兄幸近日得三四朋友，皆好學深思，知恥立品者，大得其益，
> 始信朋友列於五倫，為人生不可缺者，誠足樂也。其中尤足畏
> 敬者二人：一為河南駐防蒙古人名倭仁，號艮峯，己丑科翰
> 林，現任翰林侍讀學士，其人篤實力行，專以慎獨為工夫，有
> 日記，一念之發必時檢點，是私則克去，是善則擴充；有過則

---

27 方宗誠：〈治學錄敘〉，《柏堂遺書・志學錄》（收入《原刻影印叢書集成三編》，臺
　 北市：藝文印書館，1971年景印光緒中桐城方氏志學堂刊本），頁1左。

28 唐鑑：〈道鄉書院學規四則〉，《唐確慎公集》，卷5，頁578。

29 李時燦：《中州先哲傳》（收入《清代地方人物傳記叢刊》，臺北市：廣陵書社，
　 2007年），卷7，〈李棠階〉，頁534。案：有關倭仁學術思想演變及交游事跡，參見
　 李細珠：〈倭仁交游述略〉，《近代中國》1999年，頁96-116；〈倭仁與吳廷棟交誼略
　 論〉，《安徽史學》1999年第2期，頁42-47；〈晚清頑固派的典型──大學士倭仁〉，
　 《百年潮》2000年第1期，頁67-71，75。

內自訟而必改，一念不整肅則以為放心；自朝至暮，內而念慮，外而言動，及應事接物，並夜而考之，夢寐皆不放過，而一一記出以自責，其嚴密如此。一為雲南人竇埰，號蘭泉……。兄幸得事賢友仁之益，故益不敢自棄，日於身心下工夫，痛自洗剔，竊願以朱子為法，而一息尚存，此志不容稍懈。[30]

吳廷棟不僅推崇倭仁克治自省自訟之功，且「敬畏」倭仁撰日課的修養之道，亦由此自勉應倍加致力於理學心性涵養工夫。事實上，吳廷棟「生平篤信朱子」，[31]曾於咸豐七年（1857）至咸豐九年（1859）多次與原本學主陸王心學的方潛會見、書信往返論學，促使方潛轉宗程朱之學，[32]展現吳廷棟維護程朱理學之志；因此，便不難理解吳氏〈書倭艮峯先生日記後〉批閱倭仁日課大量評述之言，以及針對倭仁思想的糾舉，這種亦師亦友的切磋，對於倭仁思想的轉向產生了一定的影響。如對倭仁日記中載「看未發氣象，姚江有一段說得緊切。云此時教人用戒謹恐懼工夫，正目而視惟此，傾耳而聽惟此，洞洞屬屬不知其他，即程子敬而無失，即所以中之意。」[33]吳廷棟言：

取其語以證敬而無失則可，謂即程子敬而無失即所以中之意則未可。昔朱子初有取於延平體驗未發氣象，而終謂有偏者，誠慮人於此誤認氣為理耳，其防弊之意深矣。蓋理無形，而氣有

---

30 吳廷棟：〈庚子都中與執夫子垣兩弟書〉，《拙修集》，卷10，頁480-481。

31 吳廷棟：〈與方存之學博書（辛酉）〉，《拙修集》，卷9，頁463。

32 相關記載，參見方宗誠：《吳竹如先生年譜》，收入《柏堂遺書》，頁39-42；方婉麗：〈晚清吳廷棟與方潛之辨學〉，《安慶師範學院學報（社會科學版）》，第29卷第8期（2010年8月），頁61-65。

33 吳廷棟：〈書倭艮峯先生日記後〉，《拙修集》，卷6，頁402。

跡，未發時氣未用事，初無端緒可尋。……姚江之誤實在於
此，故其言則是，而其旨則非，要亦戒懼其所戒懼，而認心為
性而已。[34]

由於倭仁學術「始由王學入手」，[35]故而日後論及程朱理學，不免比附
於王學或有意絀合二者差異，此種相似的詮解方式，在晚清儒者的論
述中頗多；然在嚴判程朱、陸王之別[36]的吳廷棟看來，則是必須詳加
釐清，以維護程朱道統地位的重要工作。當然，吳氏的本意不在理氣
心性諸說上另創新說，故而此類批駁王學的相關論述，對於程朱理學
系統的拓深或開新並無太大裨益，更重要的意義乃在於透過此類會課
活動，於晚清時期逐步建立一程朱理學社群的過程。倭仁日記中載錄
吳廷棟「來極論致知為急，存心不致知，恐所存之心只是簡僤侗底影
子，遇事依舊差錯。又言陸王之弊，謹守者含胡摸棱，高明者猖狂縱
恣，所造愈深，受害愈甚，可謂深切之言。」[37]恰恰說明了吳廷棟衛
道的積極態度，以及對倭仁產生的影響；當倭仁確立尊朱黜王的學派
立場後，吳氏表示：「倭艮峯先生之學亦從王學入手，惟致功於朱子
格物之訓，故久而悟其非。……誠豪傑之士也」，「其能洗淨王學，一
歸程朱，可謂大勇矣。」[38]能夠服膺程朱理學，即是「豪傑之士」、
「大勇」，顯然對於參與會課活動成就的高度肯定，而會課所形成對

---

34 吳廷棟：〈書倭艮峯先生日記後〉，《拙修集》，卷6，頁403。

35 方宗誠：《吳竹如先生年譜》，收入《柏堂遺書》，頁54右。相似記載亦見於〈節錄倭
文端公讀儒粹語編筆記跋〉，《柏堂集·後編》，卷6，頁459。

36 吳廷棟〈與蘇菊邨學博書（辛酉）〉：「鄙見以為良知之精蘊實禪宗也，以視程朱，即
鄭之亂雅，紫之奪朱之類，必闢之而後宗旨可以歸一。」《拙修集》，卷9，頁464。

37 倭仁：《倭文端公遺書·日記》，卷5，頁341。

38 吳廷棟：〈與蘇菊邨學博書（辛酉）〉、〈與方存之學博書（辛酉）〉，《拙修集》，卷
9，頁464、頁466。

理學的共識及內部的凝聚力，正是此一學術社群在晚清程朱理學復興過程中的推動力之一。

　　晚清理學家的會課活動，對於曾國藩的影響亦十分深遠。曾國藩在道光二十年入京後，曾受邵懿辰（1810-1861）引領研治理學；[39]至道光二十一年（1841）問學於唐鑑，結識倭仁，於日記中載倭仁日課情形：「每日自朝至寢，一言一動作、飯食皆有劄記，或心有私欲不克，外有不及檢，皆記出」，且對於倭仁教戒「閑邪存誠」、「整齊嚴肅」、「主一無適」等言，曾氏「聽之昭然若發矇也」，[40]至此，「遂以朱子之書為日課」、以宋學為宗。後吳廷棟更建議曾國藩遷居至城內，以求會課方便，曾國藩於家書中言：

> 竹如必要予搬進城住，蓋城內鏡海先生可以師事，倭艮峯先生、竇蘭泉可以友事，師友夾持，雖懦夫亦有立志。予思朱子言：「為學譬如熬肉，先須猛火煮，然後用漫火溫」，予生平工夫全未用猛火煮過，雖略有見識，乃是從悟境得來，偶用功，亦不過優遊玩索已耳，如未沸之湯，遽用漫火溫之，將愈煮愈不熟矣。以是急思搬進城內，屏除一切，從事於克己之學。[41]

透過曾國藩這段自述，可看出進入以唐鑑為中心的理學社群，得以與倭仁、竇垿等人「師友夾持」，對於曾氏個人進德修業層次的拓深發揮了極大的作用，即如余英時以宗教經驗為喻，是「由苦修到皈依的過

---

39 參見余英時：〈曾國藩與「士大夫之學」〉，《故宮學術季刊》第11卷2期（1993年冬季號），頁79-95。

40 曾國藩：《曾國藩全集・日記》，〈問學〉，辛丑7月，頁353；黎庶昌：《曾國藩年譜》（長沙市：岳麓書社，1986年6月），道光21年條，頁7。

41 曾國藩著，李翰章編撰，李鴻章校刊：《曾文正公家書：附家訓》（北京市：中國書店，2011年），卷1，道光22年9月18日致兄弟，頁22-23。

程」。[42]經由這個理學社群的會課活動，正如其自言的「猛火煮」，自此有了另一番新氣象。距上封家書一個多月後，曾氏致書予兄弟言：

> 吾友竹如，格物工夫頗深，一事一物皆求其理；倭艮峯先生則誠意工夫極嚴，每日有日課冊，一日之中，一念之差、一事之失、一言一默，皆筆之於書，書皆楷字，三月則訂一本。自己未年起，今三十本矣。蓋其慎獨之嚴，雖妄念偶動，必及時克治，而著之於書，故所讀之書，句句皆切身之要藥，茲將艮峯先生日課鈔三頁付歸予諸弟看。余自十月初一日起，亦照艮峯樣，每日一念一事，皆寫之於冊，以便觸目克治，亦寫楷書。……余向來有無恆之弊，自此次寫日課本子起，可保終身有恆矣。[43]

曾國藩盛讚倭仁日課工夫，甚至抄錄其日課內容附於書信中供與兄弟參酌，自己則仿傚倭仁此一錘鍊方式著手撰寫日課，督責自身培養「終身有恆」的態度，明確地遵從理學循序漸進的修養之途。此後在曾國藩日記中，便不時可見其自勉「日日向上」、「日新又新」，自省言「日來自治愈疏矣，絕無瑟僩之意，何貴有此日課之冊？看來只是好名、好作詩、名心也；寫此冊而不日日改過，則此冊真盜名之具也。」「所以須日課冊者，以時時省過，立即克去耳。今五日一記，則所謂省察者安在？所為自新者安在？」[44]透露撰寫日課務求省察自

---

42 余英時：〈曾國藩與「士大夫之學」〉，《故宮學術季刊》第11卷2期，頁85。

43 曾國藩著，李翰章編撰，李鴻章校刊：《曾文正公家書：附家訓》，卷1，道光22年10月26日致兄弟，頁26。

44 曾國藩：《曾國藩全集‧日記》，〈問學〉，辛亥8月，頁360、辛酉12月，頁370；〈省克〉，壬寅，頁378、癸卯正月，頁381。

勵的期許；在家書中記載了自訂的日課內容：「每日楷書寫日記，每日讀史十頁，每日記『茶餘偶談』一則」、「每日臨帖百字，鈔書百字，看書少亦須滿二十頁」；同時也勸勉兄弟：「雖極忙，亦須了本日功課，不以昨日耽擱而今日補做，不以明日有是而今日預做。」[45]充分展現出日課的恆定與堅守特色。

第三節　結語

　　基本上，程朱理學所建構的體系中，透過「格物」工夫以窮盡事理，加上「主敬」工夫後方能透顯至理，學者對於相關過程已有豐碩的討論，自不待言。值得觀察的是，此一思想體系在傳衍過程中，由於時、空變化等因素而難以避免出現斷裂，故而有不同的擇取，於是呈顯出獨具該時代特質的理學圖象。嘉道時期，反乾嘉漢學大將方東樹再三強調格物致知以窮理在尋求孔門聖道中的重要性，同時展現自身在訓詁文字、考據典籍的工夫，對清考據學家的詰難發揮了一定的抗衡力量。[46]時至道咸，唐鑑、吳廷棟、倭仁、曾國藩等人面對時勢鉅變，一方面企圖由傳統理學中尋繹經世致用的論據；另一方面在自身修養的層面上，突顯日積月累，時時自我批判、自省的工夫，並透過會課活動，藉由學術交游而擴大理學影響範圍，以收「人心之興起，而天心之來復」的「世運轉移」[47]之功。這樣的日課特色，在晚清理學短暫興起之際，既有承繼的一面，亦含括了轉化的一面。

---

45 曾國藩著，李翰章編撰，李鴻章校刊：《曾文正公家書：附家訓》，卷1，道光22年12月20日致兄弟，頁30；道光24年11月21日致兄弟，頁63。

46 參見本書第一章。

47 吳廷棟〈復洪琴西孝廉書（壬戌）〉：「竊謂世運之轉移在人材，而人材之奮興關乎風俗，風俗之盛衰係乎人心，人心之邪正由於學術，此學不明固無望人心之興起，而天心之來復也。」《拙修集》，卷9，頁473。

　　在承繼方面，道咸時期的理學家延續了朱子「積累日久，心與理一」的修養工夫，在晚清理學家文獻中屢屢出現相近詞語，如倭仁言：「積習既久，則恍然自有該貫處」；[48]吳廷棟「惟窮理克己，銖積累寸以終吾身而已」；[49]曾國藩言：「吾人只有進德、修業兩事靠得住。進德，則孝弟仁義是也；修業，則詩文作字是也。此二者由我做主，得尺則我之尺也，得寸則我之寸也。今日進一分德，便算積了一升穀；明日修一分業，又算餘了一文錢。」[50]這些強調循序漸進的積累工夫，輔以晚清講求躬行踐履的觀點，於是便轉化為強調日用之間進德之效的呈顯，載錄於日課之中，吳廷棟言：

> 凡日用間，聞一言之是非，見一事之得失，遇一人之賢否，皆一一反己內勘，而自責自修，必毋使一念放過，推之讀書尚論之際莫不然。[51]

倭仁言：

> 一日十二時中，密密推勘：思慮無邪否？言行無差忒否？有則改之，無則加勉，方不負此一日。[52]
> 忠信所以進德。一日之中，自早至晚；一事之中，自始至終，一皆實心貫注，私偽不存，此進德實地工夫，勉之勿懈。……仁，人心也，不仁便非人，須體認仁是如何，一日中離者幾

---

48 倭仁：《倭文端公遺書・日記》，卷4，頁300。

49 吳廷棟：〈與方存之茂才書〉，《拙修集》，卷9，頁463。

50 曾國藩著，李翰章編撰，李鴻章校刊：《曾文正公家書：附家訓》，卷2，道光24年8月29日致兄弟，頁59。

51 吳廷棟：〈劄記〉，《拙修集》，卷2，頁329。

52 倭仁：《倭文端公遺書・日記》，卷4，頁240。

時，合者幾時，虛心靜慮，自證自考，庶有日新之機。[53]

這種將讀書窮理落實於生活體驗之中，並輔以時時刻刻的省察，無疑是朱學格物說的具體踐履及深化的表現。但從另一個角度來說，朱子論格物窮理的最終目標在於「豁然貫通」的境界，在道咸時期的理學家討論中則是相對缺乏的。換言之，自清代嘉道以來的理學家對程朱學術的傳繼上，乃在於格物窮理的修身工夫，並由此延伸到日用生活的實踐中，這種定期聚會論學、相互監督勸勉，充分展現了道咸時期理學社群之特色及其意義。

附記

本章刪改自〈日課：清道咸時期程朱理學的修養工夫〉而成，原曾於2014年09月24-29日宣讀於國際儒學聯合會、聯合國教科文組織、中國孔子基金會主辦「紀念孔子誕辰2565周年國際學術研討會」，會議地點：中國北京，會議論文集頁1356-1365，並收錄於《儒學：世界和平與發展：紀念孔子誕辰2565周年國際學術研討會論文集》（北京市：九州出版社，2015年2月），頁283-293；後修訂為〈清道咸時期京師理學社群的形成及其修養工夫初探——以日課為考察〉，發表於《孔孟月刊》第54卷第3、4期（2015年12月），頁48-57。係為一〇四學年度科技部補助專題研究計畫部分研究成果，計畫編號：MOST：104-2410-H-130-056。

---

53 倭仁：《倭文端公遺書·日記》，卷4，頁253。

第四章
纂輯：劉廷詔《理學宗傳辨正》的道統重構

　　道咸時期京師理學家們以纂述理學相關的學術史來鞏固程朱理學在道統傳承的地位，其中最受矚目者，除了受到較多討論的唐鑑所撰《國朝學案小識》，及其囑何桂珍接續清初理學家竇克勤（1653-1708）《理學正宗》之後，編錄胡居仁（1434-1484）、羅欽順（1465-1547）、陸隴其（1630-1674）、張履祥（1611-1674）四傳為《續理學正宗》，[1]這是從正面來表彰程朱理學的道統；另一方面，劉廷詔（字虞卿，？-1856）作《理學宗傳辨正》詆斥孫奇逢（1585-1675）《理學宗傳》，則是以辯駁異己的方式來確立程朱理學的道統地位。

　　所謂的「宗傳」，即猶宗族的正統嫡傳。按孫奇逢言：

> 學之有宗，猶國之有統，家之有系也。系之宗有大有小，國之統有正有閏，而學之宗有天有心。今欲稽國之運數，當必分正統焉；遡家之本原，當先定大宗焉；論學之宗傳而不本諸天者，其非善學也。[2]

1　何氏在書後序言：「《續理學正宗》者，竇蘭泉吏部之所購也。唐先生欲再購而不可得，因命余續成之。」參見何桂珍：《續理學正宗》（收入《叢書集成續編》，臺北市：新文豐出版社，1989年，第43冊），後序，頁4。
2　孫奇逢撰，萬紅點校：〈理學宗傳敍〉，《理學宗傳》（南京市：鳳凰出版社，2015年10月），頁15。

學脈源流正如同宗族血脈的承續，意謂著嫡庶的釐清與譜系的形構，前者具有區別偽訛的排他性，後者則是統整相襲的共同理據，亦即道統的建構。孫奇逢將學脈劃分為主、輔與內、外：[3]作為宗統之主的儒者，除了周、二程、張、朱等理學家之外，亦包括心學家陸九淵與王陽明；其後則是自漢至明代具輔翼之功的儒者，最後則是「與聖人端緒微有不同，不得不嚴毫釐千里之辨」的「補遺」。[4]對於孫奇逢建立的「宗傳」，劉廷詔批評言：

> 理無二致，學只一塗。理學之所宗所傳而不取極於一正，恐其以異學亂正學，而宗失其宗，傳失其傳，裂道術而二之也，是安可以弗辨乎？茲於歷代諸儒以〈正傳〉、〈列傳〉分之於其學術之異，於諸儒者以〈附錄〉別之，大抵一仍《宗傳》之舊而稍有所增損焉：〈正傳〉則只載濂、洛、關、閩諸子以上接鄒魯之傳；〈列傳〉則本歷代名儒傳補入數人；〈附錄〉則只陸氏、王氏及其門人等十餘人而止，總若干卷，名曰《理學宗傳辨正》。[5]

基本上，劉廷詔強調「學只一塗」、「取極於一正」的「宗傳」原則與孫奇逢如出一轍，但不同之處在於對明宗續統者的認定：劉氏以程朱為道統的正統，將陸、王列為〈附錄〉以示貶抑，突顯摒除心學於道統的意圖。該書於道咸年間撰成之後並未立即付梓，至同治十一年

3　「是編有主有輔，有內有外。十一子其主也，儒之考其輔也；十一子與諸子其內也，補遺諸子其外也。」孫奇逢撰，萬紅點校：〈義例〉，《理學宗傳》，頁17。

4　孫奇逢撰，萬紅點校：〈理學宗傳敘〉，《理學宗傳》，頁16。

5　劉廷詔：〈理學宗傳辨正原敘〉，收入〔清〕劉廷詔撰，倭仁、吳廷棟校刊：《理學宗傳辨正》（中國哲學書電子化計劃，http://ctext.org/library.pl?if=gb&res=79918，同治11年六安求我齋刊本），頁2右。

（1872）由倭仁（1804-1871）、吳廷棟（1793-1873）校訂、刊行，倭仁言：

> 夫學必合於天理之正，即乎人心之安，乃可以信今而傳後。
> 濂、洛、關、閩上接孔孟，為吾道正宗，自宋至今，學者尊
> 之，與四子書竝重，豈其他偏頗之學所可同日語者。永城劉先
> 生取夏峰（案：孫奇逢）之書辨而正之，統緒分明，釐然不
> 紊，可謂趨向端而取舍審矣。是編予得之同年友丁用垞處……
> 吳竹如（案：吳廷棟）見而好之，以為有裨後學，欲付剞劂以
> 廣其傳，因為補其缺略，以增按語，復取羅羅山（案：羅澤
> 南）王學辨附於後，此編遂為完書。[6]

倭仁、吳廷棟刊刻《理學宗傳辨正》的用意在於「是能救良知之害，
而示學者以正途」，[7]其目的顯然與唐鑑、何桂珍是一致的。全書編次
仿《理學宗傳》結合傳記與學術資料選錄的編纂體例：先節選傳主生
平學行，次輯錄論學修德語錄，其間以按語作為評騭；比較特別的
是，劉廷詔亦引錄《理學宗傳》中孫奇逢之按語，並一一批駁，以達
「辨正」之效，其間有倭、吳之按語以更進一步闡釋程朱、陸王之學
異同。方宗誠指出，劉廷詔著《理學宗傳辨正》一書「以明辨陸王心
學之非」，與方東樹著《漢學商兌》「以明辨近世宗主漢學之失」皆為
「閑道之書」，可「端學者之趨向」，二書「可以相輔而行」，[8]呈現出

6　倭仁：〈校訂理學宗傳辨正敘〉，收入劉廷詔撰，倭仁、吳廷棟校刊：《理學宗傳辨
　　正》，頁1右。

7　涂宗瀛：〈理學宗傳辨正跋〉，收入劉廷詔撰，倭仁、吳廷棟校刊：《理學宗傳辨
　　正》，頁85右。案：相關記述請參李細珠：〈倭仁與吳廷棟交誼略論〉，《安徽史學》
　　1999年第2期，頁42-47。

8　方宗誠：〈校刊《漢學商兌》敘（代）〉，《柏堂集・餘編》，卷3，頁581-582。

闡揚程朱之學共同理想。因此,《理學宗傳辨正》一書可說是道咸時期京師理學社群道統觀的呈現,在晚清理學復興之際,實極具代表性意義。

　　本章嘗試經由《理學宗傳辨正》之探討,論析道咸時期京師理學社群的道統觀,釐清晚清理學家建立此一道統觀之理據,從而說明這些儒者透過其信仰的真理以批判陸王心學之意涵,進而指出這個看似深陷門戶泥淖的背後,一方面固然是強化程朱理學之價值;另一方面實隱含了身處力求經世實踐思潮下的理學家藉由對理學的再詮解,使其在國勢社會鉅變的政教場域中取得新的意義。

第一節　《理學宗傳辨正》編纂體例:衍良知之派而為狂妄之論者一槩不錄

　　《理學宗傳辨正》共十六卷,依其全書卷次,可列表如下:

傳別	卷次	朝代	人數	總計	主要代表人物
正傳	1-5	宋	5	5	周、二程、張、朱
列傳	6	漢	14	109	董仲舒、孔安國、鄭玄、趙岐等
	7	晉梁	3		范甯、皇侃等
		隋	1		王通
		唐	5		啖助、韓愈等
	8-12	宋	64		孫奭、胡瑗、劉敞、邵雍、楊時、游酢、李侗等
	13	元	10		趙復、許衡、劉因、陳櫟、許謙等
	14-15	明	12		曹端、薛瑄、胡居仁、羅欽順等
附錄	16	宋	2		陸九淵、楊簡

傳別	卷次	朝代	人數	總計	主要代表人物
		明	18	20	王守仁、陳獻章、錢德洪、王畿等
				134	

《理學宗傳辨正》前五卷序列周敦頤、二程、張載、朱熹五人為〈正傳〉，約占全書三分之一，明確展現以程朱為宗統之主張；卷六至卷十五則分列漢、晉梁、隋、唐、宋、元、明各代具輔翼道統之功的儒者一〇九人，其中，除明代儒者多引錄《理學宗傳》或自撰按語外，明代以前各儒者大都於各傳後載錄朱軾（1665-1736）、蔡世遠（1682-1733）所撰《歷代名儒傳》為評箋；卷十六為已逾出道統的〈附錄〉，列陸九淵、楊簡、王守仁、陳獻章等二十人；吳廷棟並於〈王守仁傳〉後大量引錄羅澤南《姚江學辨》，表達對陽明心學的強烈批判。依此而言，這個看似與孫奇逢《理學宗傳》編次相仿的纂輯，實則呈顯的是迥異的學術傾向：基本上，身處於明末清初的孫奇逢有感於當時學者「區區較量於字句口耳之習」或「自餒其好高眩外之智」導致「腐而少達」、「偽而多惑」的學術危機，造成「儒、釋未清，學術日晦，究不知何所底極」[9]的道統困境，故而編輯《理學宗傳》乃從「儒者之學乃所以本諸天」的原則，主張後世承繼者「雖見有偏全，識有大小，莫不分聖人之一體焉」，在此基礎上，以《易經》元、亨、利、貞演化之序為喻，言：「近古之統，元其周子，亨其程、張，利其朱子，孰為今日之貞乎？……蓋仲尼歿至是且二千年，由濂、洛而來且五百有餘歲矣，則姚江豈非紫陽之貞乎？」[10]這是將陸、王納入道統之續，其綰合理學、心學並嚴辨儒、釋之別的意

---

9 孫奇逢撰，萬紅點校：〈理學宗傳敘〉，《理學宗傳》，頁16。

10 孫奇逢撰，萬紅點校：〈理學宗傳敘〉，《理學宗傳》，頁16。

圖明確。[11]對此，劉廷詔直截抨擊《理學宗傳》「皆一眼覷著陸王而為之偏祖」，[12]並言：

> 周子固為元，程子固為亨，而大亨而利在於正，可以朱子之一身當之。朱子固見知於周子，而實聞知於孔孟者也。至周子、朱子而後，求所謂紫陽之貞而濂溪之聞知者，固已難乎其侶矣；道之正統待人而傳，孟軻氏沒，越千四百年而始得周、程、張、朱，其人五百歲之常運固難拘也，非其人莫與屬其統，而非其統豈可妄推其人？況其人之所學所傳，與前哲水火相敵者乎？而以繼之濂、洛、關、閩之後，而以道統之係屬於是乎在，吾恐數千年來，列聖相衍之正統將自此而混其所傳，且失其所宗也。[13]

劉廷詔認為朱子不僅上繼周、程，且是直承孔孟之學、集大成者，自此後世實難有足堪接續之人，更何況是「水火相敵」的王陽明，是以，劉氏認為孫奇逢此舉已混淆了聖學遞衍，喪失了宗統真傳。對照孫奇逢《理學宗傳》與劉廷詔《理學宗傳辨正》同樣以元亨利貞列敘道統之運，便可清楚看出其間差異：

---

11 有關《理學宗傳》學術思想之討論，可參見陳祖武《中國學案史》（臺北市：文津出版社，1994年4月），頁91-103；孔定芳〈以明道為究極：孫奇逢《理學宗傳》的道統重構〉，《西南大學學報（社會科學版）》第42卷5期（2016年9月），頁160-166。案：陳祖武認為孫奇逢結撰《理學宗傳》的緣由，是「為陽明爭一席儒學正統地位」；孔芳定則認為孫奇逢志在「明道」，而非特為王學爭正統，然其建構的道統譜系亦確立了陸王心學的正統地位。

12 劉廷詔：〈呂和叔進伯與叔〉，《理學宗傳辨正》，卷9，頁28左。

13 劉廷詔：〈理學宗傳辨正後論〉，《理學宗傳辨正》，頁4右-4左。

孫奇逢《理學宗傳》

天道之運　　相關說明	元	亨	利	貞
總論	堯舜而上	堯舜而下	洙泗鄒魯	濂洛關閩
分而言之　上古	羲皇	堯舜	禹湯	文武周公
分而言之　中古	仲尼	顏曾	子思	孟子
分而言之　近古	周子	程張	朱子	姚江

《理學宗傳辨正》

天道之運　　相關說明	元	亨	利	貞
統而言之	堯舜	禹湯文武周公	洙泗鄒魯	濂洛關閩
分而言之　在上之道統	堯舜	禹湯	文武	周公
分而言之　在下之道統	仲尼	顏曾	思孟	周張程朱
析而言之	周	程	朱子	？

在《理學宗傳辨正》中，特別突顯朱子地位及相關傳承，因此劉廷詔批評《理學宗傳》未將「上接周、程之緒，而下啟紫陽之傳」、「有功於道統昭然」的楊時（1053-1135）、羅從彥（1072-1135）、李侗（1093-1163）三人置於二程至朱子的傳承之間，反而附入〈諸儒考〉，失於輕重取捨；[14]另一方面，劉廷詔除了在朱子本傳中大量著錄其著作之外，如在周敦頤本傳中節錄朱子〈太極圖敘〉、〈太極圖

---

14 劉廷詔：〈理學宗傳辨正後論〉，《理學宗傳辨正》，頁4左。

解〉，及朱註〈太極圖說〉、〈太極圖總論〉與〈通書敘〉、〈通書注〉，
強調「今於朱子之解，不敢稍遺」，[15]同時在其餘各傳中，隨時引錄朱
子之言作為評斷，視朱學為理學宗統及衡定正訛的準則，如言：

> 程朱者，三代下之孔孟也，與程朱背即與孔孟背也，與孔孟程
> 朱背，即與堯、舜、禹、湯、文、武、周公從古聖人背也。[16]

這是明確地指出在儒學道統傳承進程裡，程朱是唯一承續者；至於陸
王心學，劉氏引明儒顧憲成（1550-1612）「以紫陽為宗，其弊也拘；
以姚江為宗，其弊也蕩。拘者有所不為，蕩者無所不為，與其蕩也甯
拘」[17]之說作進一步論析，言：

> 拘者，謹禮法慎防維，繩趨尺步，有所不為，其為弊也微矣；
> 蕩則逾越乎防維之外，而於禮法一騁蔑如，無所不為，其流弊
> 也大矣。……拘者即有弊，而為其所宗者本自無弊；蕩者其弊
> 大，而為其所宗者其中弊蠧深。……學者只可以紫陽為宗，斷
> 不可以非其宗者為宗而遂至失其所宗。[18]

身處於晚清國勢內外強紛擾之際，儒者關注的是能夠提供穩定政教場
域的主張，講究的是安定社會秩序的實際作為。是以，造成「逾越乎

---

15 劉廷詔：〈周敦頤〉，《理學宗傳辨正》，卷1，頁2左。

16 劉廷詔：〈理學宗傳辨正附錄前論〉，《理學宗傳辨正》，頁6右。

17 劉廷詔之引錄略有刪節，於「蕩者無所不為」後刪去「拘者人情所厭，順而決之為
易；蕩者人情所便，逆而挽之為難。昔孔子論禮之弊，而曰與其奢也寧儉。然則論
學之弊，亦應曰與其蕩也寧拘，此其所以遜朱子也。」參見顧憲成撰，馮從吾校
對：〈丙申〉，《小心齋劄記》（臺北市：廣文書局，1975年），卷3，頁63。

18 劉廷詔：〈理學宗傳辨正附錄前論〉，《理學宗傳辨正》，頁8左-9右。

防維之外」、「於禮法一髹蔑如」等流弊的心學，自屬「異學」，必須
嚴加判別，劉廷詔言：

> 夫反乎正而為邪，別乎同而為異。異學之與正學為難也，其上
> 化之，其次勝之，又其次勢均而力敵之。……異說之作，不興
> 於當時，而或述於後世，往往而然。……陸氏與朱子同時，有
> 朱子而陸氏之學未盛，乃至明而益熾。明代學術之誤，始自白
> 沙而昌於陽明，陽明之學以致良知為要，以無善無惡為宗，大
> 抵推本於陸氏。……其事業赫奕足以驚飾世人之耳目而焜燿於
> 一時，而蔓延於後世。始知悅其簡易，慕其直截，相與益其薪
> 而助之焰，以為道學之真脈果在是也。……嗚呼！世無孔孟其
> 人，無周、程、張、朱其人，吾恐正學之胥淪於異學也，吾恐
> 異學之顯託夫正學也，吾恐正學、異學混而無別，而世且悵悵
> 然，其莫知所適從也。[19]

在劉廷詔看來，眼前儒學的危境，一方面在於陸王「異學」藉由顯赫
的事功、警敏的論述，以及「簡易」、「直截」的外貌誤導後學，另一
方面則是當時缺乏足以「化之」、「勝之」、「勢均而力敵之」的儒者相
頡頑，於是恐將造成「正學、異學混而無別」；而道學真脈不明，則
後學無所適從，因此，嚴辨「正學」、「異學」即是《理學宗傳辨正》
的結撰動機。由此看來，即使劉廷詔作《理學宗傳辨正》強調「儒、
釋之界」，似乎無異於孫奇逢作《理學宗傳》意在「嚴儒、釋之辨」，
然而，實際上劉氏所欲辨明的，是「陽儒陰釋」的陸王心學，其言：

---

19 劉廷詔：〈理學宗傳辨正附錄後論〉，《理學宗傳辨正》，頁10左-11右。

甚矣，儒釋之界之難辨也。……若儒而已入於釋而猶囂囂然自命為儒，則陽儒而陰釋矣。……而觀陸與王氏及其門人傳中曰悟、曰覺、曰忽悟、曰忽覺、曰忽大省、曰始大悟、曰忽一夕大省，若有神啟、曰灑然如物脫去、曰洞中有悟，恍惚大汗灑然無礙，凡此等悅心之趣，悟道之機，識一了萬之學，求之於孔、孟、《四書》中無有也；求之於周、程、張、朱語錄中無有也。……而陸與王氏及其門人傳中則有之，此其所學所得儒耶？釋耶？近於儒耶？歸於釋耶？在儒、釋之間耶？在不儒不釋之間耶？[20]

吳廷棟也指出：

自佛法入中國，其教大行，而賢智之士多陷入其中，然儒、釋之辨猶易明也。迨張子韶以改頭換面之術，為以似亂真之計，而後之陽儒陰釋者遂一附於孔孟之傳，以為藏身之固，其離合出入之際，務在愚一世之耳目，而使之恬不覺悟以入釋氏之門，此人心之大變也。故昔之辨儒、釋也易，今之辨儒、釋也難。然則何以辨之？抑惟仍以程朱之言辨之而已。……此學術邪正異同之辨也。[21]

佛教傳入中國後，對傳統儒學產生極大衝擊，尤其以「求心見性」見長的禪宗為主，幾乎成為當時學術的主流，儒者在此情勢下，勢必自經典中深化、創發心性之學以回應佛學教義的威脅，經歷宋明二朝，

---

20 劉廷詔：〈理學宗傳辨正附錄後論〉，《理學宗傳辨正》，頁10右-10左。
21 吳廷棟：〈理學宗傳辨正前論・吳廷棟按語〉，《理學宗傳辨正》，頁3右-3左。

逐步建構了「新儒學」體系；[22]時至道咸時期，嚴辨儒、釋疆界早已非理學家所關注之課題，取而代之的，是再次復興的程朱學者重新檢討儒學道統內涵應該以何種型態為依歸的問題。吳廷棟在引文中所言，儒學自張九成（1092-1159）施以「改頭換面」、「以似亂真」之術後所形成「陽儒陰釋」之學，致使儒、釋之辨困難，所指的即是承自朱子以「洪水猛獸之災」對張九成著作的批評；而吳廷棟所言「學術異同之辨」的企望，亦是一種延續朱子「為後人指出邪徑」[23]的自許。換言之，釐清「異學」才是其主要目的。在劉廷詔、吳廷棟的論述中，可明顯看出，其在面對程朱、陸王傳統舊訟所採取的策略，是透過批評心學家立論之語，直指陸王之學乃持禪宗教理而隱身於儒門之中，這種「儒而已入於釋」之「異端」，必須一舉逐出道統之列；由此看來，劉廷詔所謂的「儒、釋之界」，在此已轉化為理學、心學之辨了。

　　誠然，攻訐陸王心學為異學，並非道咸理學家首創。明末清初，批評心學「近禪」、「異端」之說者，俯拾即是，自不待言；然至乾嘉時期，漢學家按自身義理思想與宋明儒「爭正統」的言論逐漸增強，於是，所謂「異端」之名，便擴及含括一切理學、心學的宋明儒了，

---

22 參見余英時：〈中國近世宗教倫理與商人精神〉，收入氏著：《中國思想傳統的現代詮釋》（臺北市：聯經出版事業公司，1987年），頁293-313。

23 朱熹〈答石子重之五〉：「洪适在會稽盡取張子韶經解板行，此禍甚酷，不在洪水猛獸夷狄之下，令人寒心。人微學淺，又未有以遏之，惟益思自勉，更求朋友之助，庶有以追蹤聖徒，稍為後人指出邪徑，俾不至全然陷溺。」朱熹：《晦庵先生朱文公文集》（收入朱傑人、嚴佐之、劉永翔主編：《朱子全書》，上海市：上海古籍出版社，2002年12月），第22冊，卷42，總頁1924；〔清〕全祖望：「龜山弟子以風節光顯著，無如橫浦；而駁學亦以橫浦為最，晦翁斥其書，比之洪水猛獸之災，其可異哉！」黃宗羲原著，全祖望補修；陳金生、梁韻華點校：《宋元學案》（北京市：中華書局，2007年重印），卷40，〈橫浦學案・全祖望按語〉，頁1302-1303。

亦即無論程朱或陸王之學，在諸多乾嘉學者眼中，皆屬「異端」；[24]而時至道咸，程朱理學家則是再將陸王打為「異端」。依此簡單梳理清代儒者「闢異端」之軌跡後，不難看出，心學似乎始終承擔「異端」之名；在此，本文要指出的是，在清初、乾嘉、道咸不同的學術氛圍中，看似對陸王的相同評價，但實有不同的意涵，姑且不論乾嘉漢學所持的義理系統與理學不同，即便是清初儒者，其批判的問題意識亦有差異：明清之際儒者對王陽明及其後學的抨擊，恐多源自於目睹時局崩壞、或身受亡國之痛，在其嚴厲的批判中，寄寓著激越而痛切之情，反映於性理之學的論述，流於浮泛者居多；但道咸時期批評心學為「異端」，則肇因於理學社群對儒學道統系譜的建構，故而結合了所處的時代境遇的需求，以程朱之學為思想資源，驅策其內涵的升降與聚合變化，透過對陸王的攻駁，逐步重構了具有其時代特色的新型態理學，因此，這一時期理學家「闢異端」隱含著「爭道統」、確立道統之傳的意圖，反倒是較近於乾嘉漢學者，只不過二者對「道統」之內涵的理解有所差異罷了。有趣的是，不僅「爭道統」的意圖與乾嘉儒者相近，甚至批判的方法亦是延續了乾嘉學風。上述引文中，劉廷詔指出，心學家所言種種「悅心之趣，悟道之機，識一了萬之學」等工夫，「求之於孔、孟、《四書》中無有也；求之於周、程、張、朱語錄中無有也」，此一歸返原始經籍以尋求理據的言論，亦是漢學家慣用的「回向原典」（return to sources）思考模式。[25]顯然，道咸理學

---

24 乾嘉時期抨擊宋明儒者雜乎道、釋之論甚夥，如戴震、焦循、凌廷堪、阮元等人之論著，不勝枚舉。相關討論，請參林啟屏：《儒家思想中的具體性思維》（臺北市：臺灣學生書局，2004年2月），〈第三章「正統」與「異端」──以清初的經典認同為例〉，頁69-136，尤其86-95。

25 余英時指出，「陽明以來儒學內部『性即理』（程、朱理學）與『心即理』（陸、王心學）的爭論日趨激烈，儘管爭論的兩造都理直氣壯，充滿自信，但畢竟誰也不能說服誰。⋯⋯心性官司的兩造最後只剩下唯一的最高法院可以上訴，那便是儒家的

家在重構程朱學術之際，配合當時主流的概念，適度地運用某些普遍被接受的考究方式，在有共識的基礎上進行對話，這是為求有效地敷陳、傳達學說的途徑。[26]

劉廷詔將孫奇逢《理學宗傳》「嚴儒、釋之別」轉化為理學、心學之辨，意圖重塑程朱之學為儒門正統的唯一承繼者，此即其結撰《理學宗傳辨正》的最終目的，其言：

> 黃勉齋歷敘道統，周、程、張、朱固為斯道之正傳矣。自是以來，由元以迄明季，恪守程朱之學，不為他歧所惑者，固不乏人，然求其發前賢所未發，開來學於無窮，使斯道大明於一世，而可以師及百世者，蓋已難乎其人，況乎其自立徑蹊，顯與前賢相牴牾者，而強以續之周、程、張、朱之後乎？異端開捷徑，聖道絕旁門，紫陽而外，固不敢妄有所增云爾。[27]

原始經典。……這是思想史上所謂『回向原典』（return to sources）的普遍現象。」參見氏著：〈清代學術思想史重要觀念通釋〉，《中國思想傳統的現代詮釋》，頁405-468，引文見頁412-413；相關論述亦請參氏著：〈清代思想史的一個新解釋〉，《歷史與思想》（臺北市：聯經出版事業公司，1976年），頁121-156。案：余英時從「內在理路」的觀點，主張清代考據學的興起在於承繼了理學傳統中程朱、陸王的對壘，是儒學從「尊德行」階段轉入「道問學」階段的新動向。此說是否能充分解釋清代學術之發展，似乎仍有討論空間，甚或若跳脫宋明心性體系的衡定標準，則乾嘉儒者自身義理內涵，應或有一新的面貌。然余英時指出清代有「回向原典」之治學傾向，則是極具參考之論述。

26 呂妙芬指出，陽明學者運用道統觀為自己學說和學派定位的過程，即是承襲北宋以來的道統觀，在承認其正統權威的前提下，以自己的學說賦予道統和儒學新的意涵。此即可看出，配合主流概念是學說發展十分重要的過程。以此考察道咸時期理學家在傳衍其主張之際，同樣是吸納了自乾嘉以來盛行的歸返原典的方式。參見呂妙芬：〈顏子之傳：一個為陽明學爭取正統的聲音〉，《漢學研究》第15卷第1期（1997年6月），頁73-92。

27 劉廷詔：〈朱子〉，《理學宗傳辨正》，卷5，頁61左-62右。

孫奇逢強以「自立徑蹊,顯與前賢相牴牾」的異端為程朱的後繼者,
正是引發劉廷詔從事「護教」工作的緣由,而極端的排他性,則是可
以預見的特質了。是以,劉廷詔明確表達了《理學宗傳辨正》擇錄的
原則:

> 明正嘉以後,學者往往論涉狂妄,如云漢儒之於道不見於精,
> 而宋儒不見於大。……周、程、張、朱之學有體有用,進可匡
> 君而行道於一時,退則講學而明道於後世,此豈不見於大者而
> 能然乎?故凡正嘉以後諸儒衍良知之派而為狂妄之論者,一槩
> 不錄。[28]

在此,劉廷詔面對披著儒門之外衣,而內以釋氏之實的「良知之派」
及其後學者,採取堅壁清野的策略,即是「一槩不錄」。當然,劉廷
詔的批駁,實有其信仰的理論系統作為支撐,此即能濟世致用,可
「行道於一時」、「明道於後世」的程朱之學,此間隱含了道咸時期理
學家們對理學的詮解特色,以及對理學作用於政教場域價值的期許。

第二節 《理學宗傳辨正》義理旨趣:格物窮理者 學之所以本天之功

一 紫陽為宗:以程朱之言辨之

劉廷詔作《理學宗傳辨正》立意在於剔除陸王之學於儒門道統,

---

28 劉廷詔:〈理學宗傳辨正後論〉,《理學宗傳辨正》,頁4左-5右。

駁斥孫奇逢「意欲調停兩可，歸於一家」[29]之見。而劉廷詔所持判教基準，即如吳廷棟所言：「惟仍以程朱之言辨之而已」（見前揭引文）；更進一步來看，劉氏所欲標揭的衡定基礎是程朱「格物窮理」工夫，其言：

> 窮理即博文之謂也，居敬即約禮之謂也。故涵養須用敬，進學在致知，此入德必由之路，而程朱之得統於孔、孟者也。[30]
> 自宋迄明中葉，朱陸異同之辨已聚訟數百年，明姚江之學興，推本陸氏，而朱與陸王異同之辨，又聚訟數百年，將何以辨是與非而別白以定一尊哉？程子曰：聖學本天，釋氏本心。……本天者必先知天者也，知天者必先即物而窮其理者也。《易》曰：窮理盡性以至於命，至命則天可知矣；《大學》曰：物格而后知至；《孟子》曰：盡其心者，知其性也，知至、知性則天亦可知矣。故格物窮理者，學之所以本天之功，而實孔孟程朱之所固然也。[31]

在這段文字中，劉廷詔以「本天」、「本心」來界定儒、釋的內涵，引據《易》、《大學》、《孟子》以證「格物窮理者，學者所以本天之功」，強調「格物窮理」為成就聖學工夫不二法門，這是以實踐活動作為分判學術的視角，彰顯了此一時期理學家賦予「正統」儒門內涵型態的特色。至於陸王所主的「能立其大」、「能致其知」之工夫，劉廷詔言：

---

29 倭仁：〈校訂理學宗傳辨正敘〉，收入劉廷詔撰，倭仁、吳廷棟校刊：《理學宗傳辨正》，頁1右。

30 劉廷詔：〈理學宗傳辨正附錄前論〉，《理學宗傳辨正》，頁6右。

31 劉廷詔：〈理學宗傳辨正前論〉，《理學宗傳辨正》，頁1右。

今也不格物不窮理，曠其思得之官而自謂能立其大，則吾恐立
其所立者，只此心之昭昭靈靈而已。……不格物不窮理，廢其
慮學之職而自謂能致其知，則吾恐致其所致者，亦只此心之昭
昭靈靈而已。[32]

顯然，在劉廷詔看來，陸王之學曠廢思慮之教，所主張的實踐工夫追
求的不過是如禪家的靈明浮光，屬「本心」之學，自然應排除於儒門
之外。是以，對於《理學宗傳》中屢言程朱與陸王相契之說，便成為
理學家們主要攻訐之處。倭仁言：

《宗傳》於朱子語與陸子微有相似處，便極力牽合，以為終歸
一致，蓋中有偏主，其弊遂至如此。[33]

因此，在《理學宗傳辨正》中，往往針對孫奇逢眉批加以批駁，如
《理學宗傳・朱子文公》中，引錄朱子所言「某精力益衰，目力全
短，看文字不得。瞑目靜坐，卻得收拾放心，覺得日前外面走作不
少，頗恨盲廢之不早也。」「今一向躭著文字，令此心全體都奔在冊
子上，更不知有己，便是簡無知覺、不識痛癢之人，雖讀得書，何益
於吾事耶？」等語，孫奇逢評論言：「先生（朱子）痛自悔悟至此，
不知先生者只是不信」、「此終與子靜同也」。[34]對於這樣的評論，吳廷
棟批評言：

朱子謙己誨人，每因人立教，應病與藥，言豈一端而已哉？此

---

32 劉廷詔：〈理學宗傳辨正前論〉，《理學宗傳辨正》，頁1右-1左。
33 倭仁：〈朱子・倭仁按語〉，《理學宗傳辨正》，卷5，頁35右。
34 孫奇逢撰，萬紅點校：〈朱子文公〉，《理學宗傳》，卷6，頁112。

條〈答呂子約書〉，特因其疲敝精神，沉溺於遷史，痛下鍼砭耳。《宗傳》專取此種言語，以為朱子晚年悔悟，為終與子靜合之證，何用心之私也。[35]

再如引錄朱子「日用工夫，不敢以老病而自懈，覺得此心操存舍亡，只在反掌之閒。向來誠是太涉支離，蓋無本以自立，則事事皆病耳」、「多識前言往行，固君子之所急，某向來所見，亦是如此。近因反求，未得個安穩處，卻始知此未免支離。如所謂『因諸公以求程氏，因程氏以求聖人』，是隔幾重公案。曷若默會諸心，以立其本，而其言之得失自不能逃吾之鑑」等言，劉廷詔對於此評論，痛斥言：

> 《宗傳》云：「此與子靜立乎其大、求放心有二耶？」「直入聖人之室，何勞幾重公案耶！」按此為學者指示切要工夫，恐其汩沒於書傳中也。至孟子、程朱所謂立乎其大、求放心，與陸氏相去何啻天淵？[36]
> 此蓋恐學者氾濫於學識之中，欲其默會於心，由博以反約也。而《宗傳》乃云「直入聖人之室，何勞幾重公案」，豈聖人之室恁的易入，而〈大象〉之言亦有錯耶？[37]

基本上，關於「朱陸異同」的討論，向來是明代之後理學家難以迴避的論題之一，王陽明思想興起後，陸九淵的形象漸為王學所涵蓋，遂概括為「程朱、陸王異同」；直至現代，仍舊是宋明理學研究領域中常被述及之題材，諸如簡易與支離、尊德行與道問學等，均有豐富的

---

35 吳廷棟：〈朱子・吳廷棟按語〉，《理學宗傳辨正》，卷5，頁35左。
36 劉廷詔：〈朱子〉，《理學宗傳辨正》，卷5，頁36左。
37 劉廷詔：〈朱子〉，《理學宗傳辨正》，卷5，頁37右-37左。

討論及成果。考察朱、陸義理思想之差異，以及由此所呈顯的工夫進路、甚或實踐的成效性等等，除了劃分出二大思想體系之外，隱含在各儒者理解的背後理據，當即是詮說者對朱、陸義理的重構、時代處境的投射。在上述引文中，不難發現，吳廷棟、劉廷詔抨擊《理學宗傳》的重點，在於孫奇逢刻意拈出朱子某些自省沉溺於文字訓詁等相關之言，並逕直指為與陸九淵主張相近。按朱子言：「聖賢教人，下學上達，循循有序。故從事其間者，博而有要，約而不孤，無妄意凌躐之弊。」[38]這是朱子論為學工夫時不斷反覆措意的主張，在踐履的程序上，「下學」先於「上達」，而突顯「下學」工夫的重要性更是朱子在實際闡述中極具分量的特點。此外，「下學」工夫的重要性，同時也充分呈顯於朱子註解《大學》的「格物致知」，所謂「《大學》始教，必使學者即凡天下之物，莫不因其已知之理而益窮之，以求至乎其極。」[39]其意涵所指的亦是「下學」工夫。即使至朱子晚年強調涵養主敬與格物窮理相互滲透的圓融之境，但最終指向的仍是為學工夫，[40]這是朱子義理體系展現於實踐工夫中最為鮮明的特質之一，同時也是道咸時期理學家用以區隔陸王體證「本心」式修養論的重要旗幟。至於「支離」一詞，正是陸九淵對朱學的評價。[41]故而劉廷詔斥之為「別

---

38 朱熹：〈答沈有開〉，《晦庵先生朱文公文集》，第22冊，卷53，總頁2527。

39 朱熹：《大學章句》（收入《四書章句集注》，北京市：中華書局，2003年重印），頁7。

40 朱熹言：「事物之來，若不順理而應，則雖塊然不交於物，心亦不能得靜。惟動時能順理，則無事時始能靜；靜而能存養，則應接處始得力。須動時做工夫，靜時也做工夫。兩莫相靠，莫使工夫間斷，始得。」參見黎靖德編，王星賢點校：《朱子語類》（北京市：中華書局，1986年），卷45，總頁1162。按：相關討論，參見陳林：〈朱子工夫思想的內在發展理路——以已發未發為視角〉，《國立臺灣大學哲學評論》第50期（2015年10月），頁27-70。

41 宋孝宗淳熙二年（1175）陸九淵於「鵝湖之會」中誦詩「虛墓生哀宗廟欽，斯人千古不磨心。涓流滴到滄溟水，拳石崇成泰華岑。易簡工夫終久大，支離事業竟浮

樹一幟，師心自用」，將「啟其徒之猖狂妄恣，詆訾先賢」。[42]依此來看，《理學宗傳》採取引朱入陸的策略，且只著眼於表述型態相近的話頭，企圖淡化朱子義理中「下學」工夫的成分，這種缺少溯及義理本源的批註，確實頗有「疏略」[43]之嫌，因此，吳廷棟、劉廷詔指出朱子話語動機：「因其疲敝精神，沉溺於遷史，痛下鍼砭耳」、「恐學者氾濫於學識之中」作為澄清，並再三強化「下學」為孔門立教首要工夫。如言：

> 聖門敎學，不容躐等。……朱子立教，先訓詁文義，下學而上達者，乃孔、孟、周、程以來敎學不易之次第，施之高下而咸宜者，萬古不能移也。[44]
>
> 聖門立教，只有漸之一塗，到得頓悟時，亦只漸之所積也。斷無有初入手時，不循序依次，即教以頓悟而與漸為兩門者。[45]
>
> 子靜之學自謂先立其大，然孟子立乎其大有「思則得之」一層工夫，思者，格物窮理之謂也，若不先從此處下手，而遽欲立乎其大，恐亦不免硬把捉而有正助之病。[46]
>
> 總之，朱陸異同本不難辨，只為後人悅其直截簡易之學，病夫

沉。欲知自下升高處，真偽先須辨只今。陸九淵著，鍾哲點校：《陸九淵集》（北京市：中華書局，2012年重印），卷34，〈語錄上〉，頁427。按：「滴到」一作「積至」。

42 劉廷詔：〈羅欽順〉，《理學宗傳辨正》，卷14，頁31左。

43 黃宗羲撰：《明儒學案》（收入吳光主編：《黃宗羲全集》，杭州市：浙江古籍出版社，1985年，第7冊），〈發凡〉，頁855-856。按：黃宗羲言：「鍾元（按：孫奇逢）雜收，不復甄別，其批注所及，未必得其要領，而其聞見亦猶之海門也。學者觀義是書，而後知兩家之疏略。」

44 劉廷詔：〈蔡西山〉，《理學宗傳辨正》，卷11，頁2左-3右。

45 劉廷詔：〈呂新吾〉，《理學宗傳辨正》，卷15，頁40左。

46 劉廷詔：〈陸子靜〉，《理學宗傳辨正》，卷16，頁3右。

循序致精之難，故往往為之左袒，而欲調停於其間，然反復看來，總無是處。[47]

上述強調為學進路必須循序積漸之論，並視之為儒門正統、異端的判準，在《理學宗傳辨正》中屢見不鮮。再看劉廷詔引朱子所言：「涵養中自有窮理工夫，窮其所養之理；窮理中自有涵養工夫，養其所窮之理，兩頭都不相離」，於其後加按語：

> 尊德性，道問學，文公之學固已兼之。後人不此之察，見文公立教必從下學入，遂謂偏於道問學，須用子靜以救之。夫子靜之撐眉努眼，喝罵將去，不為虧卻問學工夫，即德性亦必不能尊，而乃云用子靜以救晦翁。嗚呼！何其左袒陸氏而敢於誣前賢耶？[48]

劉廷詔所引錄的朱子之言，說明了格物窮理與居敬涵養二者在成德進路中相輔並進的工夫，這是朱子晚年（紹熙2年，1191）在工夫論上的融通主張。劉廷詔藉此以論朱子並不偏主道問學，而陸九淵「撐眉努眼，喝罵將去」式的「禪機」[49]工夫，不僅毫無尊德性之實，更遑論道問學工夫。因此，劉氏痛批《理學宗傳》綰合朱陸的作法，為「左袒陸氏而敢於誣前賢」；同時又言：

---

47 劉廷詔：〈陸子靜〉，《理學宗傳辨正》，卷16，頁5左。
48 劉廷詔：〈朱子〉，《理學宗傳辨正》，卷5，頁40左。
49 朱熹：〈答或人〉，《晦庵先生朱文公文集》，第23冊，卷64，總頁3144-3145。按朱子言：「近世學者多是向外走作，不知此心之妙是為萬世根本，其知之者，又只是撐眉努眼，喝罵將去，便謂只此便是良心」。

> 王陽明曰：「朱子晚年固已大誤舊說之非，痛悔極艾。世之所傳集註、或問之類，乃其中年未定之說」。《宗傳》亦云：「朱子晚年始聞道，不必以未聞之前強合於既聞道之後。」嗚呼！斯言誣矣。今試取章句、或問、集註諸傳，平心靜氣讀之，其辨晰理義、闡明道體，無一字一句與孔孟相左者，是耶？非耶？未定耶？固已較然而要，豈未聞道者所能為哉？乃執朱子晚年望道未見之心及因時立教之言，而以為大悟舊說之非，以附會己見，援儒入釋，莫此為甚。要皆陸氏取足於心之學有以啟之，然則陸學流毒於後世，不信然哉？
>
> 又《宗傳》以文公立教其意以開發鈍根人為事，則其言平易質實，遂有為利根人所摘者。夫平則不奇也，易則不險也。質則不漓，而實則不虛也。聖賢立教，不過如是，即利根人亦當以此開發之，而乃云為其所摘，豈此外別有奇險異說，使人頓悟而同於姚江四無之教為上根人設哉？噫！惑已甚矣。[50]

劉廷詔在排除陸王為儒門正統的目標下，反對王陽明《朱子晚年定論》以及《理學宗傳》所言朱子晚年自悔其中年學說的主張，自不待言。事實上，自晚明以來，駁斥《朱子晚年定論》之論者甚夥，各有其批判的視角及所持理據，而劉廷詔所採取的策略，並不是由心學、理學在天道性命思想的差異入手，而是闡明朱子之論與孔、孟之言相契，這種以聖人經典為依歸的檢證方式是乾嘉學風影響下的特色；更重要的是，道咸理學家標揭出格物窮理作為道統的內涵，顯示出對經驗領域探求的重視。換言之，在本體層面上的論究並非其主要關切的議題，彰揚理學在實踐層面的價值才是此一時期理學家們自許繼程朱

---

50 劉廷詔：〈朱子〉，《理學宗傳辨正》，卷5，頁61右-61左。

事業之重責，這不僅為了扭轉士人闊談「奇險異說」之風，且亦為穩定社會秩序提供基礎。

二　批判心學：躐其等而至於陽儒陰釋

在確立格物窮理為聖學核心之後，劉廷詔以此批判心學，其言：

> 甚矣！躐等之學之為害烈也。……其躐等之弊奈何？曰：學而躐等，而至於陽儒陰釋也。……博文約禮，孔門造道之端也，而程朱以窮理居敬統之。……故曰程朱者，三代下之孔孟也，學孔孟而不於程朱，則躐其等也，則躐其等而至於陽儒陰釋也。奚以知其然耶？曰：不思不得而自謂能立其大也，不慮不學而自謂能致其知也，不學識而一貫也，不詳說而反約也，悟心自足也，師心自用也。……本釋氏之虛而以為吾儒之虛，虛而至於無者也；本釋氏之寂而以為吾儒之寂，寂而至於滅者也，是陽儒而陰釋也，是躐等之極弊也，是顯與程朱背也，可乎？不可乎？與程朱背即與孔孟背也，可乎？不可乎？……甚矣！躐等之學之為害烈也。[51]

前後反覆感嘆「躐等之學之危害烈也」，足見劉廷詔闢心學之深意。所謂「躐等之學」，意指悖反格物窮理工夫，也就是「不思不得」、「不慮不學」、「不學識」、「不詳說」，在劉氏看來，這是全憑胸臆式的修養方法，實即是「師心自用」；而「躐等之學」不僅造成學風陷入「猖狂以自恣」，[52]更甚者乃在於流於釋氏之學而形成「陽儒陰

---

51 劉廷詔：〈理學宗傳辨正附錄前論〉，《理學宗傳辨正》，頁6右-7右。

52 劉廷詔言：「若不從事讀書窮理，而遽欲先明此心，恐本體未瑩而已，不免師心自

釋」，危害聖學道統。

　　首先，劉廷詔撻伐「躐等之學」敗壞學風。在《理學宗傳辨正》中載楊簡（1141-1226）「二十八歲居太學循理齋，秋宴坐於床，忽覺天地萬物通為一體」，[53]劉廷詔痛斥言：

> 明正嘉以後諸儒多為此語所誤者，不格物、不窮理、不循序以
> 致精、不下學而上達、不究其同、不察其異，而只閉目靜坐以
> 默驗其所謂一體者，安得不蹈空躐虛，而有一旦頓悟之境乎？[54]

作為陸象山弟子的楊簡，再三述及自身「閉目靜坐」以冥契「天地萬物通為一體」的經驗，[55]突顯本心涵攝一切事理，如此一來，循序積漸的格物窮理之重要性自然淡化，取而代之的逆覺頓悟，便是造成「蹈空躐虛」的緣由。是以，劉廷詔抨擊：「姚江一派悟心自快之學實本於此。世謂傳象山者失象山，愚謂傳象山者象山，使失象山者亦象山，而象山之學遂以得罪於聖門，流毒於後世。」[56]而對陽明及其後學則抨擊言：「捐棄經典，詆訾前賢，舉一世之學者而猖狂之」、「屏絕事跡，滅卻文義……安能決古訓之是非以解蔽而辨惑哉？」[57]這些批評的背後，均指向下學工夫在道德涵養中的密切聯繫，按理學

用之弊矣。既師心自用，則吾心自足而不免於猖狂以自恣矣。」參見劉廷詔：〈陸
子靜〉，《理學宗傳辨正》，卷16，頁5左。

53　劉廷詔：〈楊敬仲〉，《理學宗傳辨正》，卷16，頁7右。

54　劉廷詔：〈楊敬仲〉，《理學宗傳辨正》，卷16，頁7右。

55　如言：「少年聞先大夫之論，宜時復反觀。其後於循理齋燕坐反觀，忽然見我與天
地萬物萬事萬理澄然一片，向者所見萬象森羅，謂是一理通貫爾，疑象與理未融
一。今澄然一片，更無與理之分，更無間斷。」參見楊簡：《慈湖先生遺書》（濟南
市：山東友誼書社，1991年），卷5，〈家記9〉，頁10。

56　劉廷詔：〈楊敬仲〉，《理學宗傳辨正》，卷16，頁8左。

57　劉廷詔：〈王柏安〉、〈黃洛村〉，《理學宗傳辨正》，卷16，頁59左、74左。

家認為，道德涵養是由考究、認知事理為先，經過反覆積累，便能逐步掌握義理，使內在對於人的本然至善貫通、彰顯出來。緣乎此一理念，劉廷詔對於王陽明「知行合一」之說，提出嚴屬批判，其言：

> 一念之發動，未及施為，安可云行？以學之取足於心之故。而以一念之克治論知行，便不免遺卻多少學問次第規模，而有掛漏之譏。……《易》所謂「學聚問辨，寬居行仁」；《書》所謂「非知之艱，行之惟艱」；《禮》所謂「博聞強識，敦善行而不息」者，皆為先知後行之義。……且即如所云，曉得一念不善，便將這不善念頭克倒，曉之而後克之，亦豈不分先後乎？安得云知行合一？於四書五經之外，而別立異說以炫智而駭愚，豈能免於舛錯耶？[58]

劉廷詔列舉《易·乾卦·文言》、《尚書·誥命》、《禮記·曲禮》之文，說明自古所建構的修養工夫，在知行次第上，是以知為先，由習得事物之理為始，方能據以為準則而呈現於事為之中。在劉氏看來，王陽明「知行合一」是一種取足本心的蹈空工夫，枉顧孔門為學次第，只不過求立異於聖賢經典以揚己欺愚，不免舛誤立教之則。誠然，這種引述文本為證的方式以判定「知行合一」為異說，看似合乎理據，但事實上劉廷詔所論之「知」，指事理之知，屬經驗層面的追索，為一般語文詞彙的理解；而王陽明「知行合一」所論之「知」，指「知行的本體」之「知」，[59] 是本體與實踐合一，為其理論體系中的

---

58 劉廷詔：〈王柏安〉，《理學宗傳辨正》，卷16，頁56右-56左。

59 《傳習錄》：「愛曰：『如今人盡有知得父當孝、兄當弟者，卻不能孝、不能弟，便是知與行分明是兩件。』先生曰：『此已被私欲隔斷，不是知行的本體了。未有知而不行者，知而不行只是未知。』」收入（王守仁著，王曉昕、趙平略點校：《王陽明集》，北京市：中華書局，2016年9月，上冊），頁3-4。

特有概念。[60]而之所以強調「一念發動處」便是行，則是要突顯意念階段的省察克治。是以，在「知」的理解層面不相侔的情況下，劉廷詔的批判能否說服心學派儒者，恐怕是值得商榷的。同樣的情形，亦出現於對王陽明將「致知」詮釋為「致良知」的批評，劉廷詔言：

> 即物而窮其理，此正格致著實工夫，即如遇親思孝，孝之理原根於吾之心，思得其理，心與理豈為二耶？今乃不即物以窮理，而曰致吾心之良知，恐所謂良知者早已落空而有遺棄事物之病，此正外義之見也。況事物之理未遽與心相浹，亦安能使之各得乎至？經明言「致知」，而乃云「致吾心之良知」；經明言「在格物」，而乃云「事事物物皆得其理」，其於經義合焉否耶？……強詞固不足以奪理，而詖詞適足以害義，安得不為之精察而明辨也？[61]

「致良知」可說是王陽明論學宗旨的總括。「良知」即是天理在人心中的自覺，具超越性的普遍意義；「致良知」就是指人應擴充自身良知，並推致於事事物物，使其皆得其理並完成具體的實踐。劉廷詔則是按程朱理學系統對「致知」的詮解，強調「即物而窮其理」，以認知意義為始，透過下學工夫以論孝親之德，且或由於他在心性超越面向的理解有限，故而認為「致良知」之說「有遺棄事物之病」、「外義

---

60 陳來指出，就範疇的使用說，在理學家，知與行包括知識與實踐的區別，以及求知與躬行；在陽明學中，知僅指主觀型態的知，其範圍較宋儒小，而行的範疇則包括人的實踐行為，以及心理行為，較宋儒的使用為寬。參見陳來：《宋明理學》（臺北市：洪葉文化事業公司，1994年），頁252-253。相關討論，亦可參張學智：《明代哲學史》（北京市：北京大學出版社，2000年11月），頁101-118；蔡龍九：〈王陽明「知行合一」的再研議〉，《國立臺灣大學哲學評論》第46期（2013年10月），頁121-156。

61 劉廷詔：〈王柏安〉，《理學宗傳辨正》，卷16，頁57左-58右。

之見」。另一方面，又在固守文本詞彙訓詁的原則下指責陽明之說與
經義不契。

其次，劉廷詔批評心學為「躐等之學」，其流弊除敗壞學風，危
害至極則是以「陽儒陰釋」的面貌摧陷儒門正學，其言：

> 正嘉以前，諸儒講說道理及工夫效驗處，皆平平實實，無一隱
> 僻淩躐語，所以為正學之宗傳。自良知之學出，一唱百和，其
> 於講學論道，皆所謂一聞可悟，一超可入者，不知已墮入釋氏
> 直指人心、見性成佛一途了。[62]

這裡所抨擊的，即是王陽明良知之學實已淪為禪門教理，不足為聖學
宗傳。劉廷詔論證的方式，一方面指出在形式上心學家悟道、論道模
式近禪；另則是就「四無」之說提出詰難。劉氏批評王陽明著名的
「龍場悟道」一事，言：

> 自昔聖賢悟道多矣：參之「唯」、「一貫」，由於精察力行；回
> 之歎「卓爾」，由於博約、克復，莫非真積力久而自底於豁然
> 之域，非有意外乍獲之奇也。亦何至若有神啟，當局者為之呼
> 躍，而旁觀者皆為之驚異哉？故陽明之一夕大悟，與子靜之忽
> 而大省同皆其學之類禪機處；且道雖性所固有，然非於事物之
> 理精察之久而盡此心之全體，亦安能自足於吾性哉？[63]

劉廷詔以曾參透過「精察力行」、顏回本之於「博約、克復」之工夫方
能悟道，說明傳統聖學均是由下學工夫入手，逐步積累而得，對照於

---

62 劉廷詔：〈錢緒山〉，《理學宗傳辨正》，卷16，頁67右。
63 劉廷詔：〈王柏安〉，《理學宗傳辨正》，卷16，頁11右-11左。

陸王「忽而大省」、「一夕大悟」的方式，無疑是近於禪而悖於儒。再看嘉靖六年（1528）王陽明與弟子錢德洪（1496-1574）、王畿（1498-1583）於天泉橋上論道，史稱「天泉證道」，劉廷詔言：

> 聖門無所謂證道者，即參之唯、回之歎、賜之方信忽疑，亦其深造之後自得如此耳。未聞相率於師前討問宗旨，而相與證道也。「天泉證道」即是釋氏機局，觀陽明及王艮本傳可知。[64]

在此，劉廷詔強調的仍是為學致知工夫在悟道過程中的重要性，除此之外，一切看似簡易直截的論道、求道之說，在他看來，均非孔孟真傳，都是必須關除的。當然，在抨擊陽明悟道、與弟子證道的模式類禪之餘，針對「天泉證道」之主軸「四句教」，更直指為「禪機」。劉廷詔言：

> 無善無惡之說，禪機也。其始只是箇善惡混，其究乃正是無善無不善，大抵陽明之意，謂有善有惡者人之情，無善無惡者人之性，為善去惡正以復其無善無惡之本體也。……性固無善之形矣，然發而有善之情，則善固性之所固有也；性既無惡之形矣，乃發而有惡之情，則惡亦性之所固有耶？此與善惡混之說奚以異？至論究竟工夫則為善去惡以復其無善無惡之本體，而性體光光明明落得一空，無欲障亦幷無理障，此與無善無不善之說又奚以異？詆之為禪似不為過。[65]

吳廷棟亦言：

---

64 劉廷詔：〈周海門〉，《理學宗傳辨正》，卷16，頁83左。
65 劉廷詔：〈王柏安〉，《理學宗傳辨正》，卷16，頁12左-13右。

> 陽明之所謂為善去惡,非吾儒之所謂為善去惡也,亦非其言自
> 相矛盾也,特不欲顯言之自任為異端,而難託於儒耳。蓋無善
> 無惡之妙諦,尤在無著。……學者慎毋為其言所眩也。[66]

道咸時期理學家們極力突顯具體格究萬物事理在尋索聖道中的必要
性,將之視為儒門道統檢證之判準,至於天道心性等超越面向的討
論,則是相對較疏略的,鮮少就格物窮理後,「一旦豁然貫通」,則
「吾心之全體大用無不明矣」[67]的部分進行相關闡述,即是明證。此
一疏言超越面向的學術性格,自然限制了對程朱、陸王心性之學內在
性差異的抉發,更遑論就王陽明「四句教」提出在哲理上的深層批
判。「四句教」中首句「無善無惡心之體」,歷來受到討論最多,同時
也是理學家批評最力者。劉廷詔、吳廷棟難以客觀地理解與掌握陽明
對至善無惡的形上設定,實是不同於經驗世界中時時生、滅的善惡之
念,故而僅能按朱子體系中心性的實踐以詰難、抨擊陽明,其護持程
朱之心雖殷切,但對於心學思想的撼動成效,恐怕是十分有限的。

第三節　結語

　　清代中晚期的程朱之學可說是一種思潮,同時也是一種學術的建
構運動,特別是當時以唐鑑(1778-1861)為代表宦遊於京師的士人
在共同崇奉程朱思想的前提下,透過纂輯學術史著作所形成的理學社
群正體現了清代中晚期理學復興的一個側面,劉廷詔《理學宗傳辨
正》即是極具代表性之作。全書力辨孫奇逢《理學宗傳》將陸王心學

---

66 吳廷棟:〈王柏安・按語〉,《理學宗傳辨正》,卷16,頁15右-15左。
67 朱熹:《大學章句》,頁7。

納入道統嫡傳，從編纂次第的安排以至就孫氏按語的駁斥、對陸王之
學的批判，展現對程朱理學的護教企圖。對於《理學宗傳》中言：
「陽明非優於宋之諸大儒，而詞章汩沒之後，有掃蕩廓清之功，則宋
儒之忠臣孝子也。」[68]劉廷詔辨言：

> 子靜之學取足於心而止，陽明又從而發揮推明之，故謂陽明為
> 子靜之忠臣也可，為子靜之孝子也亦可，而以此施之周、程諸
> 大儒，則斷斷乎不可。濂溪、二程直接鄒魯，逮及紫陽厥大
> 成，《章句》、《或問》粲然明備，後儒遵之可百世無弊也。而
> 悟心自足者，反以拘泥於訓詁為辭。夫即拘泥於訓詁，不猶勝
> 似背傳註而猖狂自恣者乎？[69]

這段文字一方面明確表彰程朱之學為孔門嫡傳，另一方面拒斥陸王於
道統之中，這是《理學宗傳辨正》再三昭示的宗旨。透過上述分析，
可發現這些理學家們視格物窮理為儒門正學的型態，強調具體的積累
漸進工夫以避免心學家向內省察心性而流於「猖狂自恣」之弊；關注
的是在國勢、社會紛擾的經驗世界中，提取理學中能夠穩定政教領
域、並且有逐步實踐成效可循的思想資源，至於理學中有關天道性命
等超越層面，不再是劉廷詔等人所重視，因此道咸時期的「理學復
興」，其內涵的滑轉，昭然若揭。另外，此一時期理學家對心學的批
判，主要在於修養工夫的「躐等」，以及其義理陷於「陽儒陰釋」。實
際上，這些批判大都可歸因於「天道性命」的疏略，故而以今日看
來，這些批判的內容漏洞頗多，對心學體系的影響十分有限；然而，

---

68 劉廷詔：〈王柏安〉，《理學宗傳辨正》，卷16，頁58右。
69 劉廷詔：〈王柏安〉，《理學宗傳辨正》，卷16，頁58右-58左。

對於道咸時期的理學復興卻有了實質的作用,促使其更向致用、踐履的面向挪動,呈現時代學術特色之一隅。

附記

本章刪改自〈清道咸時期京師理學社群建構的一個側面──以劉廷詔《理學宗傳辨正》為考察〉而成,原曾於2017年9月19-22日宣讀於中華人民共和國文化部、山東省人民政府主辦「第八屆世界儒學大會」,會議地點:中國山東曲阜中國孔子研究院,會議論文集下冊,頁201-214。係為一○五學年度科技部補助專題研究計畫部分研究成果,計畫編號:MOST105-2410-H-130-044。

第五章
實踐：經世視域中的陸王心學

　　清代中晚期的程朱之學可說是一種思潮，同時也是一種學術的建構運動，影響所及，包括少數歸宗於陸王心學之儒者，亦同樣重視視躬行實踐、濟世實用等工夫；同時仍不免須就「數百年未了底大公案」[1]——即程朱、陸王之辨做出回應。這些儒者們各自受其當下學術氛圍以及自我問學體驗等複雜的意識投入此一同室操戈的場域中，無論是嚴辨理學心學二者之壁壘、獨尊程朱的道統地位，抑或是企圖兼融合一於儒門之內，這些論述都豐富、延續了理學發展，同時呈顯理學轉化的一個側面；因此，清代中晚期理學家對於心學的評議，在此也有了新的意義。

　　當時面對理學與心學競逐中，出現了一批持闢王揚朱立場的儒者，如吳廷棟（1792-1873）、賀瑞麟（1824-1893）強烈反對程朱、陸王「不分門戶」之說，[2]嚴判程朱、陸王之別，視心學為「異端」

1　陳建：《學蔀通辯・序》（中國哲學書電子化計劃http://ctext.org/wiki.pl?if=gb&chapter=53771）；現代學者張立文言：「朱陸異同之辨，歷元、明、清數代，乃中國學術史、哲學史上的一樁公案。」參見氏著：《走向心學之路——陸象山思想的足跡》（北京市：中華書局，1992年），頁192。案：雖上述所指為朱陸之論辯，但其後實亦延續為程朱、陸王之辨。

2　吳廷棟〈與蘇菊邨學博書（辛酉）〉言：「良知之精蘊實禪宗也，以視程朱，即鄭之亂雅，紫之奪朱之類，必闢之而後宗旨可以歸一。」氏著：《拙修集》，收入《清代詩文集彙編》（上海市：上海古籍出版社，2010年清同治16年六安求我齋刻本），卷2，頁329。賀瑞麟〈書晉儒備考後〉言：「近世論學，例以不分門戶為說，攪金、銀、銅、鐵為一器，是程朱亦是陸王。而實陰主陸王，且或並不知陸王也。世道人心之憂，何時而已乎！」氏著：《清麓文集》（收入《清代詩文集彙編》，清光緒刻本），卷2，頁48。

之釋氏，目的在於護持理學乃道統傳承中的獨尊地位，其意圖是十分明確的；此外唐鑑（1778-1861）於道光25年（1845）所撰《國朝學案小識》、何桂珍（1817-1855）編錄《續理學正宗》、劉廷詔（？-1856）《理學宗傳辨正》、羅澤南（1807-1856）《姚江學辨》，則是以編纂學術史傳標揭程朱理學是道統的授受統緒者。另一方面，更值得注意的，是主張兼納理學與心學，試圖尋繹出程朱、陸王之學共同之處，強調二者融通之效者，包括以程朱為依歸而主兼融陸王的李棠階（1798-1865）、方宗誠（1818-1888）；以及宗主陸王而兼融程朱的宗稷辰（1792-1867）、劉光蕡（1843-1903）等人。在這些儒者的論著中，對於經世致用的企望有著高度的一致性；且屢屢闡述王學不違朱學或二者相通等觀點，呈顯清代中晚期理學思想之特質，值得進一步探析。本章擬從以下三點進行論述：首先，說明此一時期理學家們所持經世視域，除了保有傳承宋明時期所主的成德教化之外，更實質的將經世濟民納入範疇，故而不但教諭於書院，且認同舉業、事功，興辦實業；其次，分析這些思想家們在此經世視域下所闡述心學實乃承續理學之發展、心學與理學均屬道統之一環等論述，其中對於朱、王之思想體系的掌握，提出商榷；最後，藉由前述的基礎，指出清中晚期理學家在經世視域中對於陸王心學之態度，以及其中所寄寓自身思想及其理解的時代意義。

第一節　經世思想的重構：實政實德及於民

　　現代學者將理學稱為「心性之學」、「成德之教」，[3]點出了理學是

3　參見牟宗三：《中國哲學的特質》（臺北市：臺灣學生書局，1963年）；《心體與性體》（臺北市：正中書局，1973年）；《從陸象山到劉蕺山》（臺北市：臺灣學生書局，1979年）。

以內在心性成德為主體之學的特質，從儒學範疇而言，無疑是傾向「內聖之學」。但作為儒門教義下的一份子，對於經驗世界的倫理、文化價值仍然是理學家們關懷的重要領域，自然必須納入體系的建構中。宋代理學家常以「體」、「用」概念闡發對經驗世界的關懷：心性之學是「體」，其他學問是「用」，體用不可分，因此，一切學問原則上都是體之展現；對程朱理學家而言，體用論是一種「超越性本體及其展現」意義的學問，並且「以自我本性的體認作為最高目的」，[4]追求一種與天地萬物圓融合一的境界，呈現的是超越經驗層面的體證成果。當然，理學家們仍舊保有身為儒者懷縈天下、承擔政教倫理的責任，亦即「用」的領域，但卻有別於先秦儒者所論「經國濟世」的「王天下」，其對於經驗世界的關懷是趨向於「成聖成德」的「教化天下」，[5]帶有強烈道德化的傾向。

　　至清中晚期，外在環境的劇變，促使當時的理學家們不僅講求教化價值，同時亦轉向了原始儒家的「外王」領域，反映於實質的理念，便是「致用」主張的顯題化，標揭實行、踐履的價值。因此，李棠階撰多篇〈勸士條約〉以訓勉學人；宗稷辰歷主湖南群玉、濂溪、虎溪、餘姚龍山、山陰蕺山等書院，立下許多講規；劉光蕡歷主涇

4　參見楊儒賓：〈作為性命之學的經學——理學的經典詮釋〉，《長庚人文社會學報》第2卷第2期（2009年），頁201-245；引文見頁210、216。

5　李澤厚分析傳統理學的「外王」特質，言：「理學把盛行於唐代的佛教吸收進來，把宗教還原於世俗倫常，又把世俗倫常賦予宗教本體的神聖性質，建立起中國式的政教合一的統治系統，力求使政不脫離『教』。即使『拯民水火』、『救人飢渴』等原始儒學的『外王』的政治內容也賦予以『內聖』的準宗教性質，成為所謂『對人的終極關懷』。即對人如何悟道、如何能成為聖人的關注。一切『外王』都只是為了『內聖』，於是『外王』本身就成為次要的了。」參見氏著：《中國古代思想史論》（臺北市：古風出版社，不著出版年月），頁307。李紀祥指出理學家對經驗世界的貢獻主要在於「教化」，在「成聖成德之教」的散布上。參見氏著：〈經世觀念與宋明理學〉，《道學與儒林》（臺北市：唐山出版社，2004年11月），頁347-368。

陽、涇干、味經、崇實等書院，勸諭士子，傳授「列國富強之術、天算、地輿、格致」之技，[6]這些均傳承了過去理學以散布成德教化為職志的精神。此外，更具特色的是對經世天下的關懷。劉光蕡闡發《大學》「生之者眾，食之者寡，為之者疾，用之者舒」一語，言：

> 自漢以來，君相經營財用，亦知取則於此，然不過重本抑末，驅民歸農，食節用時，示民儉已耳。至今思之，仍撙節愛養，謂為理財之極則則可，非生財也。……孔子曰：「來百工則財用足」，又曰「工欲善其事，必先利其器」；子夏曰：「百工居肆以成其事，君子學以致其道。」……聖門論財用，未嘗斤斤於理之而不能生之也。今外洋機器，一人常兼數人之功，一日能作數日之事，則真生眾用寡，為疾用舒矣。《易》稱黃帝、堯、舜之治，歸之制器；《大學》論生財，則必不見及此，故吾反覆此節而知外洋機器之利。……延外人以教中國之民，「來百工」之說也；振興工學以自制作，「百工居肆以成其事，君子學以致其道」之說也。[7]

在此，劉光蕡亟於將聖賢經典賦予通俗化的詮解，並轉化為契合所欲提倡的各種強化國勢的新措施，於是，「生財」取代了「理財」；引進「外洋機器」從事大量生產製造，即是實踐「生眾用寡」；「延外人以教中國之民」則是孔子「來百工」之說；「振興工學」正符合了子夏所謂「百工居肆以成其事」的意涵。這種致力於實踐治理的客觀制度

6　參見陳澹然：〈關中劉古愚先生墓表〉（收入繆荃孫《清代碑傳全集》，上海市：上海古籍出版社，1987年），卷52，頁1567。

7　劉光蕡：《大學古義》（收入林慶彰主編《民國時期經學叢書》第三輯，臺中市：文听閣圖書公司，2009年據民國9年王典章思過齋刻煙霞草堂遺書影印本），頁73-75。

與規範，無疑是以「功效理性」為主軸的考量，正是晚清經世思想的
主要特質。[8]

　　若檢視此一時期理學家們對傳統心性、體用的論述，便能有更清
晰的理解：方宗誠在「致用」思維的基礎上，論及成德工夫即有了變
化，致思的主軸由超越層面轉而重視實際事功的表現，其言：

> 窮理、盡性須各就自己職分上做工夫，方切實。但要推究到
> 底，擴充得大耳；泛用窮理之功，而於日用職分上事放鬆，則
> 雖書理窮得博，性理說得精，而事物上仍是空疏，不可不察
> 也。[9]

在方宗誠看來，若只是博通事理，卻疏於「日用職分」上實際推究，
仍是空疏而不實的，這種重視踐履力行態度的發揚，更進一步促使方
宗誠在體用詮釋上的轉化。他指出：

> 夫心性不得謂為高，即實德實政之及於民而具於中者是也。子
> 思曰「成己，成仁也；成物，知也。性之德也，合外內之道
> 也，故時措之宜也。」政治之利弊，風俗之同異，民生之疾

8　張灝指出，晚清經世思想吸收了宋明理學家「創制立度，盡天下之事」（程頤言）
　　的「治法」觀點，突顯出「功效理性」。所謂「功效理性」，是「指一種處理專門業
　　務的態度，這種態度講究經驗觀察，接受經驗教訓，同時並多多少少以成本功效或
　　成本利潤之計算為處理業務的原則。」其中並包含了西方學者所說的「官僚制度的
　　治術」（bureaucratic statecraft），晚清的《皇清經世文編》即是重要代表。參見氏
　　著：〈宋明以來儒家經世思想試釋〉（收入《近世中國經世思想研討會論文集》，臺
　　北市：中央研究院近代史研究所，1984年4月），頁3-19。

9　方宗誠：〈論居敬致知讀書窮理〉，《柏堂遺書・志學錄》，《原刻影印叢書集成三
　　編》（臺北市：藝文印書館，1971年景印光緒中桐城方氏志學堂刊本），卷3，頁30
　　左-30右。

苦、巧詐，以及治亂安危之數，是皆吾心性所具之理，一一講
明，是即明吾心性之理也。使實政實德及於民，是即推吾心性
之用也；其不能明乎此而無實政實德及於民，正由不知心性為
合外內之道也。[10]

方宗誠認為，程朱之學所論心性之理，是指包括政治、風俗、民生等
事理，能夠作用於民，即是「心性之用」，在此，他是將宋代程朱所
講求的個人道德自我完善的修養轉化為作用於外在群體與個己間的工
夫，最終能夠達到群己無憾於政教綱常；換言之，心性之學在方宗誠
的詮釋下已經由本體義涵轉化成為經世濟民的致用之學，所謂「實政
實德及於民」，才是切合於聖人至道、真諦。依此「實政實德及於
民」的理路，對於過去宋明理學家鄙薄的事功、舉業，都有了不同的
看法。如評論王陽明（1472-1529）一生功業，言：

陽明所以折權姦於方熾，定大變於呼吸，羽書旁午，從容自
在；讒謗交加，毫不動心，未始非平日致良知之功也？是豈得
謂之非好學哉？……是故陸王諸儒之學可以謂之偏，不可謂之
為異端；諸儒之學雖偏，而實能力行以至其極，今之宗程朱
者，亦必能力行以至其極，而後為賢於諸儒焉；不然，雖所見
中正勝於諸儒，究不若諸儒之實有所得也。[11]

---

10 方宗誠：〈與孫君書〉，《柏堂集・續編》（收入《清代詩文集彙編》，清光緒6年至12
年刻本），卷7，頁267。相近之論《柏堂集》中頗多，如〈校訂歸田自課二錄敍〉、
〈校訂《省身錄》敍〉、〈跋《二曲集》後〉，《柏堂集・續編》，卷2，頁212-213、
215；卷5，頁249。
11 方宗誠：〈復玉峰先生書〉，《柏堂集・前編》，卷4，頁83。

方宗誠對於陸王心學的反省，是從外在事功上回溯其思想價值，且以陸王心學能「力行以至其極」而將之排除於「異端」之列，呈現了鮮明的致用性傾向。宗稷辰則更明確地以事功為學術思想的實踐，其言曰：

> 世有非陽明之學而是其事功者，其說似正，不知其所以能用書生破巨寇，而以至誠服悍兵者，何嘗任計數、恃勇力乎？特其智圓而心亨，出之神明，體之平實，不過善率夫中庸之道而已。惜當時所治止此，若使之紀綱天下，陶化九州，其業必有盛於所已見者。……然則徒以事功美陽明，其識不如詆陽明之人，而歧學術、事功而二之者，舉不足以度陽明輕重者矣。[12]

宗稷辰認為陽明能攻克賊寇、降伏悍兵，所憑藉的並非勇武善戰之能，而是依循著「中庸之道」，這是將傳統理學中的內在心性修養之教轉化為外在事功之效驗了。這樣的主張，顯然與宋明理學家從超越層面上講求體證心性為終極之境的理路不同；對於政教場域的實功實效，成為宗稷辰評斷的根本。類似的見解，亦表現在對三國時期事功烜赫的諸葛亮（181-234）之評價。朱子即使讚諸葛亮「有儒者氣象」，但畢竟「所學不盡純正，故亦不能盡善」、「出於申韓」。[13] 而李棠階則評諸葛亮言：

> 考三代下出處之正，無如公者。……坐言起行，確有成畫，而

12　宗稷辰：〈答黃樹齋論姚江〉，《躬恥齋文鈔》（收入《清代詩文集彙編》，清咸豐元年刻本），卷2，頁207。

13　黎靖德編：《朱子語類・歷代三》（收入朱熹撰，王貽梁點校：《朱子全書》，上海市：上海古籍出版社；合肥市：安徽教育出版社，2002年），頁4214、4223。

氣象純粹，遠過管、樂，其自許曰謹慎，其戒子曰靜修，此周
孔之心法也。[14]

宗稷辰亦言：

> 古昔之取人也以量，後世之取人也以材。……若夫量之在人，
> 有性成者，有德成者。根乎性故與高厚相似而原至宏也，基於
> 德故非方隅可限而其域至廣也。性可以任負荷而不覺其有重遠
> 之勞，德可以勝積累而不至於有匱竭之患。……漢廷諸臣往往
> 知謝小事承大事，於大受若有合焉，是由秉五行之氣者偉，非
> 性與學所為也，惟諸葛庶乎近道。[15]

在此，無論是李棠階所評「氣象純粹」、傳「周孔之心法」，或宗稷辰
所言近乎性、德雙全者，都展現出對諸葛亮事功的高度稱譽，就李、
宗二人的觀點而言，事功即是義理思想具體踐行的極致。依此，鼓勵
學子透過舉業獲取官職以利施展經世的理想，便成為順理成章之事
了。李棠階曾言「實學絕無妨於舉業，但恐不實耳」，[16]亦即若能踐行
所學，則問學求道與科名二者實不相悖，他進一步闡釋言：

> 自學術不明，士人溺於科舉之習，幾不復知有聖學一事，間有
> 知者，則以為妨於舉業而置之。不知即攻舉業者，亦須講學。
> 蓋講求實學，既已舉聖賢語言，身體而力踐之，發而為文，必

---

14 李棠階：〈書漢諸葛忠武侯傳後〉，《李文清公遺書》（收入《清代詩文集彙編》，清
　　光緒8年分寧陳寶箴河北分守道署刻本），卷5，頁378。
15 宗稷辰：〈大受篇〉，《躬恥齋文鈔》，卷1，頁197。
16 李棠階：〈語錄〉，《李文清公遺書》，卷7，頁402。

更親切精到，非揣擬者所可及。而心同理同閱者，必更浹洽於心，相契而無間，其於科第直拾芥耳。[17]

或問有志而學而親心望科名甚切，慮其相妨。先生曰：科名固須時文，以時文所言者反之心，便是實學；以反諸身心，發而為言，便是佳文。[18]

關於士子求取科舉功名，宗稷辰則言：

夫科名亦三代後之達道，而時藝則五百年之典常，非可薄也。然惟有義理深乎其中而後不為科名、時藝所困。以科名、時藝為義理之見端，而不滯於跡，得則道行，失則道明，皆坦途也。[19]

對於李棠階、宗稷辰而言，舉凡關涉經世實學，即是合於聖賢義理，而科考之制、時文之撰是根源於聖賢經典，因此，李棠階認為若能夠「身體而力踐」其內涵，則展現於書寫必能與時文「相契而無間」；而宗稷辰亦指出修讀時文作為掌握義理之始，「得則道行，失則道明」，不失為士人之「坦途」。這樣的觀點，與宋明時期講學家的「反科舉意識」[20]可說是大相逕庭。

---

17 李棠階：〈鹿忠節輔仁草敘後跋〉，《李文清公遺書》，卷5，頁378。

18 李棠階：〈語錄〉，《李文清公遺書》，卷7，頁404。

19 宗稷辰：〈香苓講社示學者說〉，《躬恥齋文鈔》，卷2，頁215。

20 有關宋明儒者建立書院傳道是與科舉制度相抗衡，帶有「反科舉意識」之說，參見杜維明撰，林正珍譯：〈宋儒教育觀念的背景〉，《史學評論》第9期（1985年1月），頁43-57；李弘祺：〈絳帳遺風──私人講學的傳統〉，收入《中國文化新論──學術篇》（臺北市：聯經出版事業公司，1981年），頁343-410。

第二節　兼融陸王心學：分道之體

　　按上節所言，清中晚期儒者已新構了經世視域，更進一步來看，這些儒者亦就陸王心學與程朱理學的關係提出了詮解。他們對於心學思想內涵的辨述，其焦點不再鎖定於傳統理、氣、心、性的再創或深化，其關懷的重點轉移至修養工夫的檢視。方宗誠言：

> 老、莊、楊、墨、陸、王豈非君子哉？即其立言之意，皆是一片救世之心，惟窮理工夫未到，見識偏著一邊，而自以為合於中正之道，所以為學術之差也。[21]
>
> 夫象山、陽明之學，舍居敬窮理而以立大體、致良知為言，其似是而非之閒，誠不免有毫釐千里之判。然其中亦多有心得之妙，務反求而不喜外馳，非盡無善可取也。[22]
>
> 辨陽明者多罪其以致良知為宗，不知果不廢格物窮理之功，則雖以致良知為宗，固與朱子無倍也……。即如象山之先立其大、白沙之主靜、甘泉之體認天理，皆何嘗不有益於學者，惟一廢格物窮理之功，乃生弊耳。[23]

方宗誠此處評論宋明心學家之失，不是在於思想內涵差異，而是從「格物窮理」入手，以此判定於儒門偏、正之別，在他看來，象山「先立其大」、陽明「致良知」、陳獻章（1428-1500）「主靜」、湛若水（1466-1560）「體認天理」等諸說，皆只得儒門聖學之一隅，而主要的偏失，即在於思想體系中排除了朱子格物窮理之學。這樣的理

---

21 方宗誠：《柏堂遺書‧讀論孟筆記》，卷2，頁12右。

22 方宗誠：〈讀《陽明先生拙語》敘〉，《柏堂集‧續編》，卷3，頁233。

23 方宗誠：〈復玉峰先生書〉，《柏堂集‧前編》，卷4，頁83。

解，似乎頗有粗疏之疑，且不免遭未能掌握心學思想之譏，更與清初
程朱學者如張烈（1623-1686）作《王學質疑》、嘉道時期方東樹作
〈辨道論〉、〈跋《南雷文定》〉以強勢的態度鞏固朱子在儒門唯一道
統和學統繼承者，有著極大差別，但卻也同時彰顯出在「一片救世之
心」的目標下，儒學內部論辯內容的變化。

　　方宗誠論析陸象山之學言：

> 學之偏全、大小、純駁雖有不齊，而其大本之正則初無二致，
> 豈可排之拒之與釋、老同絕邪？……夫孔子之門，惟顏、曾為
> 傳道大賢，其餘七十子之徒，皆有通有蔽，有得有失。程朱之
> 學，顏、曾正脈也；陸子之學，比於其餘七十子之徒，不亦可
> 乎！[24]

又論陽明之學言：

> 曾論先儒之學，惟程朱守孔子下學上達之教。……其後宗程朱
> 者，往往但知即物窮理，而狃於見聞，膠於文義，馳其心於
> 外，逐其心於物，終其不能洞本而澈原。陽明氏出，憤末學之
> 支離，以為天下之理即在吾心，而以致良知為教，其所謂致良
> 知者，亦似《大學》明明德，朱子所謂因其所發而遂明之之意
> 也。[25]

宗稷辰則言：

24　方宗誠：〈陸象山先生集節要敘〉，《柏堂集・續編》，卷2，頁220。
25　方宗誠：〈復玉峰先生書〉，《柏堂集・前編》，卷4，頁82-83。

昔春秋時列國之人失其本心，孔子提仁道以覺之，孟子在戰國
患益急，則又兼屬之以義。……有宋儒運寖，昌濂、洛、關、
閩諸賢，相繼而起，合仁義中正以為教，而深之以居敬窮理，
覺者滋廣矣。厥後辨說滋繁而忘本心之德，王子不得不策其良
知而使知愚無弗覺者，蓋孔、孟、韓之所未盡發，而濂、洛、
關、閩之所未盡宣，至是而義理悉昭，信足以輔翊群哲而集其
成也。[26]

凡紫陽之言，皆豫發姚江之秘矣。……姚江本得力於紫陽，絕
非鑿空杜撰。兩賢入門無異，小異特在解格物耳。[27]

方宗誠將象山與程朱的地位，比喻為孔門中七十子之徒與「正脈」的
顏、曾，而陽明學則是為力矯格物窮理所致「支離」的流弊而起，這
與宗稷辰的觀點是相當一致的；在二人看來，陸王心學實屬儒學聖道
的承繼者，故而宋明以來理學內部學說立場上屢屢針鋒相對的程朱、
陸王兩派，似乎並無對峙的必要。至於陽明以致良知為教，方氏同樣
認為可與朱子的《大學》詮釋相比附而不悖，這樣的理解，若從二者
在本體思想脈絡上來看，當然大有問題，但是在「大本之正初無二
致」的原則下，「非盡無善可取」，這種淡化理學內部間的差異，成為
必然的趨向。

此外，再看宗稷辰言：

夫孔子主仁，孟子主義，周子主誠，程子主敬。聖賢各有得力
處，而理可以通大原。自朱、陸相非，王、羅相難，其徒黨互

---

26 宗稷辰：〈重修王文成公祠記〉，《躬恥齋文鈔》，卷11，頁446。
27 宗稷辰：〈朱王致知本同考〉，《躬恥齋文鈔》，卷3，頁227。

尋瑕隙而不已。……亦思孔門弟子各具一體，而聖師無所不
容，所以成其大。若必操同室之戈而擯之異教之域，聖師在天
之靈，爽當不以為然。[28]

從「聖賢各有得力處，而理可以通大原」的基礎上來看，程朱與陸王
學術自然是能夠相通融的。這種闡述心學不違聖人宗旨的觀點，在清
中晚期理學、心學家的論述中，屢見不鮮，而尤其致力於詮解陽明的
致良知之說與朱子的格物致知不相悖。李棠階論析程朱、陸王均可溯
源於孟子，乃「分道之體」，即言：

陽明子說致良知總歸於去人欲，存天理；朱子說窮理亦總歸於
去人欲，存天理。雖千言萬語如不相同，而其歸則一。[29]
道之廣大，何所不有，孔門諸子，成就各異，……皆分道之體
者也。陸王之學，均出孟子，其立言太徑，自信太過，誠不如
朱子之平實細密。而要其躬行心得，實非淩空駕虛者。比孟子
願學孔子，而其教人則大不同，多先直指本心，而徐誘之以擴
充，此實致良知之說所自出。如不忍牛之觳觫、不忍孺子之入
井……致即所謂擴充，所謂達也。即無善無惡四字。……陽明
言心之體，性即理也，即善也。心之體則洞然空虛無得，而名
無善無惡，即一物不容之謂耳。……至於特立宗旨，固屬稍
偏，然因時立教，各有苦心，世教龐雜紛藉，學者終身尋逐而
不得其緒。[30]

28　宗稷辰：〈書江惕庵〈讀朱階梯〉後〉，《躬恥齋文鈔》，卷6，頁276。
29　李棠階：〈語錄〉，《李文清公遺書》，卷7，頁409。
30　李棠階：〈語錄〉，卷6，頁400-401。

李棠階解「致良知」立論乃源於「直指本心，而徐誘之以擴充」，將「致」解為「擴充」，指的是逐步獲致本心的工夫，與陽明著重於言「推致善的念頭，使每一思想行為皆為此善念所範導」，[31]顯然不盡相符，反而有了朱學的傾向。然而，李棠階此論所欲強調的，則是指出陽明別立一異於朱子之說，乃「因時立教，各有苦心」，故而即使不如朱子「平實細密」而有「稍偏」之嫌，但似乎不該完全摒除於問學之途。另外，稍晚的劉光蕡亦強調良知學與朱子格致之說乃殊途同歸，其言：

> 自陽明之說出，海內學人蠭起，名儒輩出。蓋自周程創興儒教以來，未有若斯之盛也。然弟子於師雖親受其傳，究難盡同於其師。源遠而流益分，背其師說者必多。勢盛則附從者眾，又不能保無敗類雜於其中。……夫矯末流之空疏可也，以空疏詆陽明不可也。詆陽明而以致良知一語為遁於虛尤不可也。良知之說，出於孟子；致知之說，見於大學……，大學先致其知，致知在格物之知，非未致時之良知，知至之知，非已致之良知，則致良又即朱子因已知之理以求至乎其極之謂也，而致良知又偏於道問學矣。故吾謂凡詆陽明者，謂入於禪，遁於虛，皆胸中有物，未嘗平心以究其旨。……且今日講學，不必與禪家爭性理，當與耶氏爭事功；且不必與耶氏爭事功，當使中國之農、工、商、賈不識字之人，皆自命孔子之徒，為孔子之學。其有功吾教，較之辨明正學，蓋不止百倍也。夫良知者何？即世俗所謂良心也。致良知者何？作事不昧良心也。此則蠢愚可曉，婦孺能喻。欲盡收中國之民於學，舍「致良知」三

---

31 張學智：《明代哲學史》（北京市：北京大學出版社，2000年11月），頁119。

字，何以哉？³²

今日講學，萬不宜自隘程途，懸一孔子之道為的，任人之擇途
而往，不惟不分程朱、陸王，即荀、楊、管、商、申、韓、
孫、吳、黃老、詞章、雜霸，以及農、工、商賈，皆為孔教之
人，苟專心向道，皆能同於聖人，而耶、佛亦可為吾方外之
友。³³

基本上，劉光蕡的學術立場是偏向於陸王心學一脈，其曾撰《大學古
義》一書，書中解《大學》「在明明德，在親民，在止於至善」中主
「親民」，而不取朱子「新民」的改本之解，可見一斑。³⁴劉氏詮解陽
明致良知之義即如「朱子因已知之理以求至乎其極之謂」，指出陽
明、朱子之學即使路徑不同，但終極標的卻是一致的。至於直言「致
良知」偏於「道問學」，顯然是為了綰合心學與理學的差異而論，其
最終目的即如其所言，乃在於「使中國之農、工、商、賈不識字之
人，皆自命孔子之徒，為孔子之學」，甚至解「致良知」為「作事不
昧良心也」，如此幾近於粗糙通俗的說法，顯示其主要的目的並不在
於擴充或深化王學思想，而是轉而強化立基於興學於民，以收富強民
智之效；當然，對於判分程朱、陸王之別已非其關切之事，實際上突
顯的是論說的普及與實踐與否的問題了。

---

32 劉光蕡：〈與門人王含初論致良知書〉，《煙霞草堂文集》（收入《清代詩文集彙
編》，民國7年王典章思過齋蘇州刻本），卷5，頁198。

33 劉光蕡：〈與門人王伯明論朱陸異同書〉，《煙霞草堂文集》，卷5，頁197。

34 劉光蕡：「從古本『親民』當如字讀，從朱註『親民』當作『新民』，兩解均可通，
而『新民』不如『親民』之義精深宏大。」參見氏著：《大學古義》，頁3-4。

第三節　結語

　　清代中晚期時局的衰變促使了經世致用的思潮興起，思想家們進入自身所主之學追索解決之道，並擴充、轉化既有的思想資源。影響所至，使得不論是歸宗於程朱或陸王的學者，在經世視域中出現了高度的一致性，即對於事功的肯定、強調舉業與聖學不相違，形成了有別於與宋明時期理學家之主張。

　　在此經世視域中，這些思想家們也形塑出具時代特質的理學思想。李棠階、宗稷辰、方宗誠、劉光蕡等人對陸王之學持調和、兼容的態度，刻意強調陽明學術實乃承續程朱理學而起，在某種程度上將心學思想納入道統傳承之中；亦即在經世前提下，強調心學「不違」理學。由此而言，此一時期士大夫們未能再創造出如宋明時期既深邃又宏大的思想典範，他們面對世事蜩螗，將此憂患轉化為對時局的汲汲皇皇，於是，過去以心性本體為主的理學，也因之重塑而成經世濟民為內涵的新理學型態了。

附記

　　本章刪改自〈「分道之體」──清中晚期理學家經世視域中的陸王心學〉而成，原曾於2018年4月3-5日宣讀於陝西人民政府、西北大學、陝西省軒轅黃帝研究會主辦「中華五千多年文明與民族偉大復興」學術交流會，會議地點：中國西安人民大廈，會議論文集，頁327-338。係為一○六學年度科技部補助專題研究計畫部分研究成果，計畫編號：MOST106-2410-H-130-044。

參考文獻

一　**古籍**（依作者時代先後排序，相同朝代則依姓氏筆畫順序升冪排序）

〔唐〕孔安國傳　孔穎達正義　《尚書正義》　《十三經注疏本》
　　　臺北市　藝文印書館　1993年
〔宋〕朱熹撰　朱傑人、嚴佐之、劉永翔主編　《朱子全書》　上海
　　　市　上海古籍出版社　2002年12月
〔宋〕朱熹　《四書章句集注》　北京市　中華書局　2003年重印
〔宋〕陸九淵撰　〔明〕王宗沐編　《象山先生全集》　臺北市　世
　　　界書局　2010年
〔宋〕陸九淵著　鍾哲點校　《陸九淵集》　北京市　中華書局
　　　2012年重印
〔宋〕程顥、程頤　《二程遺書》　上海市　上海古籍出版社　2000
　　　年12月
〔宋〕黎靖德編　《朱子語類》　收入朱熹撰　王貽梁點校　《朱子
　　　全書》　上海市　上海古籍出版社　合肥市　安徽教育出版
　　　社　2002年
〔宋〕黎靖德編　王星賢點校　《朱子語類》　北京市　中華書局
　　　2004年重印
〔明〕王守仁撰　〔清〕吳光等編校　《王陽明全集》　上海市　上
　　　海古籍出版社　2006年5刷

〔明〕宋濂等撰　《新校本元史并附編二種》　臺北市　鼎文書局　1977年

〔明〕孫奇逢撰　萬紅點校　《理學宗傳》　南京市　鳳凰出版社　2015年10月

〔明〕黃宗羲　《南雷文定》　《叢書集成新編》　臺北市　新文豐出版公司　1984年

〔明〕黃宗羲原著　全祖望補修　陳金生、梁韻華點校　《宋元學案》　北京市　中華書局　2007年重印

〔明〕黃宗羲著　沈芝盈點校　《明儒學案》　北京市　中華書局　2010年重印

〔明〕顧炎武撰　徐文珊點校　《原抄本日知錄》　臺北市　文史哲出版社　1979年4月

〔明〕顧炎武　《顧亭林詩文集》　臺北市　漢京文化事業公司影印標校本　1984年

〔明〕顧憲成撰　馮從吾校對　《小心齋劄記》　臺北市　廣文書局　1975年

〔清〕方宗誠　《柏堂集》　收入《清代詩文集彙編》　上海市　上海古籍出版社　2010年　清光緒6年至12年刻本

〔清〕方宗誠　《柏堂遺書》　《原刻影印叢書集成三編》　臺北市　藝文印書館　1971年　景印光緒中桐城方氏治學堂刊本

〔清〕方東樹　《大意尊聞》　收入《四庫全書未收輯刊》　北京市　北京出版社　1997年　清同治5年刻本

〔清〕方東樹　《攷槃集文錄》　收入《續修四庫全書》　上海市　上海古籍出版社　1995年　影印道光13年管氏刻本

〔清〕方東樹　《書林揚觶》　收入嚴靈峰編　《書目類編》　臺北市　成文出版社　1978年5月　影印蘇州文學山房排印本

〔清〕方東樹　《跋南雷文定》　收入《叢書集成續編》　臺北市　新文豐出版公司　1989年　影印宣統元年《山房叢書》

〔清〕方東樹　《漢學商兌》　收入江藩、方東樹　《漢學師承記（外二種）》　香港　三聯書店　1998年

〔清〕全祖望　《鮚埼亭集》　臺北市　臺灣商務印書館　1965年

〔清〕全祖望著　朱鑄禹彙校集注　《全祖望彙校集注》　上海市　上海古籍出版社　2000年12月

〔清〕江藩、方東樹　《漢學師承記（外二種）》　香港　三聯書店　1998年

〔清〕何桂珍　《續理學正宗》　收入《叢書集成續編》　臺北市　新文豐出版社　1989年

〔清〕吳廷棟　《拙修集》　收入《清代詩文集彙編》　上海市　上海古籍出版社　2010年　清同治16年六安求我齋刻本

〔清〕李棠階　《李文清公遺書》　收入《清代詩文集彙編》　上海市　上海古籍出版社　2010年　清光緒8年分寧陳寶箴河北分守道署刻本

〔清〕阮元撰　鄧經元點校　《揅經室集》　北京市　中華書局　2006年重印

〔清〕宗稷辰　《躬恥齋文鈔》　收入《清代詩文集彙編》　上海市　上海古籍出版社　2010年　清咸豐元年刻本

〔清〕倭仁　《倭文端公遺書》　臺北市　華文書局　1968年　清光緒元年求我齋刊本

〔清〕唐鑑　《唐確慎公集》　收入《清代詩文集彙編》　上海市　上海古籍出版社　2010年　清光緒元年刻本

〔清〕唐鑑　《清學案小識》　臺北市　臺灣商務印書館　1965年

〔清〕章太炎　《訄書・初刻本・重訂本》　北京市　生活・讀書・新知三聯書店　1998年

〔清〕章太炎　《檢論》　收入《章太炎全集》　上海市　上海人民
　　　出版社　1984年

〔清〕陳澹然等編　《方柏堂先生譜系略》　收入《年譜叢刊》　北
　　　京市　北京圖書館出版社　1999年5月　清光緒間木活字本

〔清〕陸隴其　《三魚堂文集》　上海市　上海古籍出版社　2010年
　　　康熙40年琴川書屋刻本

〔清〕曾國藩　《曾國藩全集》　臺北市　漢苑出版社　1976年

〔清〕曾國藩著　李翰章編撰　李鴻章校刊　《曾文正公家書：附家
　　　訓》　北京市　中國書店　2011年

〔清〕焦循撰　沈文倬點校　《孟子正義》　臺北市　文津出版社
　　　1988年7月

〔清〕劉光蕡　《大學古義》　收入林慶彰主編　《民國時期經學叢
　　　書》第三輯　臺中市　文听閣圖書公司　2009年

〔清〕劉光蕡　《煙霞草堂文集》　收入《清代詩文集彙編》　上海
　　　市　上海古籍出版社　2010年　民國七年王典章思過齋蘇州
　　　刻本

〔清〕黎庶昌　《曾國藩年譜》　長沙市　岳麓書社　1986年6月

〔清〕戴震　《戴震集》　臺北市　里仁書局　1980年

〔清〕繆荃孫　《藝風堂文集》　收入《續修四庫全書》　上海市
　　　上海古籍出版社　1995年　光緒26年刻本

〔清〕孫奇逢撰　萬紅點校　《理學宗傳》　南京市　鳳凰出版社
　　　2015年10月

〔清〕郭嵩燾編　羅澤南撰　《羅忠節公（澤南）遺集——羅山遺集
　　　及年譜》　臺北市　文海出版社　1968年

二 今人論著（依姓氏筆畫順序升冪排序，相同作者則依出版先後）

（一）專書

不著編纂　王鐘翰點校　《清史列傳‧儒林傳》　北京市　中華書局　1987年11月

王汎森　《中國近代思想與學術的系譜》　臺北市　聯經出版事業公司　2003年

王茂、蔣國保、余秉頤、陶清合等著　《清代哲學》　合肥市　安徽人民出版社　1992年

史革新　《晚清理學研究》　臺北市　文津出版社　1994年3月

史革新　《晚清學術文化新論》　北京市　北京師範大學出版社　2010年9月

史革新　《清代以來的學術與思想論集》　北京市　社會科學文獻出版社　2011年8月

田富美　《乾嘉經學史論──以漢宋之爭為核心之研究》　臺北市　文史哲出版社　2013年

朱維錚　《求索真文明──晚清學術史論》　上海市　上海古籍出版社　1996年

牟宗三　《才性與玄理》　臺北市　臺灣學生書局　1962年

牟宗三　《中國哲學的特質》　臺北市　臺灣學生書局　1974年

牟宗三　《心體與性體》　臺北市　正中書局　1975年

牟宗三　《從陸象山到劉蕺山》　上海市　上海古籍出版社　2001年12月

何佑森　《儒學與思想──何佑森先生學術論文集》　臺北市　臺灣大學出版中心　2009年4月

余英時　《歷史與思想》　臺北市　聯經出版事業公司　1976年

余英時　《中國思想傳統的現代詮釋》　臺北市　聯經出版事業公司　1987年

李明輝　《孟子重探》　臺北市　聯經出版事業公司　2001年6月

李明輝　《當代儒學的自我轉化》　北京市　中國社會科學出版社　2001年7月

李紀祥　《道學與儒林》　臺北市　唐山出版社　2004年11月

李澤厚　《中國古代思想史論》　臺北市　古風出版社　不著出版年月

周桂鈿　《中國哲學研究方法論》　太原市　山西教育出版社　2006年7月

林啟屏　《儒家思想中的具體性思維》　臺北市　臺灣學生書局　2004年2月

林國標　《清初朱子學研究──對一種經世理學的解讀》　長沙市　湖南人民出版社　2004年

徐世昌等編纂　沈芝盈、梁運華點校　《清儒學案》　北京市　中華書局　2008年10月

徐復觀　《中國學術思想史論集續編》　臺北市　時報文化事業公司　1985年二刷

高　翔　《近代的初曙──十八世紀中國觀念變遷與社會發展》　北京市　社會科學文獻出版社　2000年12月

張立文　《走向心學之路──陸象山思想的足跡》　北京市　中華書局　1992年

張　亨　《思文之際論集：儒道思想的現代詮釋》　臺北市　允晨文化事業公司　1997年11月

張岱年　《中國哲學大綱》　北京市　中國社會科學出版社　1994年3刷

張昭軍　《晚清民初的理學與經學》　北京市　商務印書館　2007年3月

張舜徽　《清人文集別錄》　武漢市　華中師範大學出版社　2004年3月

張學智　《明代哲學史》　北京市　北京大學出版社　2000年11月

張麗珠　《清代的義理學轉型》　臺北市　里仁書局　2006年

張麗珠　《清代新義理學——傳統與現代的交會》　臺北市　里仁書局　2003年1月

梁啟超　《清代學術概論》　臺北市　臺灣商務印書館　1993年臺2版

陳　來　《宋明理學》　臺北市　洪葉文化事業公司　1994年

陳祖武　《中國學案史》　臺北市　文津出版社　1994年4月

陳逢源　《「融鑄」與「進程」：朱熹《四書章句集注》之歷史思維》　臺北市　政大出版社　2013年10月

陳榮捷　《王陽明傳習錄詳註集評》　臺北市　臺灣學生書局　2006年9月

陸寶千　《清代思想史》　臺北市　廣文書局　2006年3版

景海峰　《中國哲學的現代詮釋》　北京市　人民出版社　2004年8月

馮耀明　《中國哲學的方法問題》　臺北市　允晨文化事業公司　1989年9月

楊向奎　《清儒學案新編》　濟南市　齊魯書社　1988年

楊　菁　《清初理學思想研究》　臺北市　里仁書局　2008年1月

楊儒賓　《從《五經》到《新五經》》　臺北市　臺灣大學出版中心　2013年5月

楊儒賓　《儒家身體觀》　臺北市　中央研究院中國文哲研究所籌備處　1996年

漆永祥　《江藩與《漢學師承記》研究》　上海市　上海古籍出版社　2006年4月

漆永祥　《乾嘉考據學研究》　北京市　中國社會科學出版社　1998
　　　　年12月

劉述先　《儒家思想意涵之現代闡釋論集》　臺北市　中央研究院文
　　　　哲所籌備處　2000年3月

劉笑敢　《詮釋與定向——中國哲學研究方法之探究》　北京市　商
　　　　務印書館　2009年3月

潘德榮　《詮釋學導論》　臺北市　五南圖書出版社　1999年

蔣年豐　《文本與實踐（一）：儒家思想的當代詮釋》　臺北市　桂
　　　　冠圖書公司　2000年8月

蔣秋華主編　《乾嘉學者的治經方法》　臺北市　中央研究院文哲所
　　　　2000年10月

鄭宗義　《明清儒學轉型探析——從劉蕺山到戴東原》　香港　中文
　　　　大學出版社　2000年

鄭福照　《清方儀衛先生東樹年譜》　臺北市　臺灣商務印書館
　　　　1978年

錢　穆　《中國近三百年學術史》　臺北市　臺灣商務印書館　1995
　　　　年臺2版

錢　穆　《中國學術思想史論叢（八）》　臺北市　臺灣商務印書館
　　　　2000年

鍾彩鈞主編　《朱子學的開展——學術篇》　臺北市　漢學研究中心
　　　　2002年6月

龔書鐸　《社會變革與文化趨向：中國近代文化研究》　北京市　北
　　　　京師範大學出版社　2005年1月

龔書鐸主編　《清代理學史》　廣州市　廣東教育出版社　2007年3月

二　學位論文

李宜茜　《晚清理學家方宗誠實學思想的理論與實踐》　臺北市　臺灣師範大學歷史所碩士論文　1998年

車冬梅　《晚清理學學術研究》　西安市　西北大學中國思想文化研究所博士論文　2005年4月

林美珠　《方東樹漢學商兌研究》　高雄市　高雄師範大學國文系碩士論文　1992年

張曉敬　《羅澤南《姚江學辨》理學思想新探》　長沙市　湖南大學岳麓書院中國史碩士論文　2012年

許　良　《羅澤南理學經世思想研究》　長沙市　湖南大學岳麓書院中國史碩士論文　2014年

魏永生　《清中晚期漢宋學關係研究》　北京市　北京師範大學博士論文　1999年

三　專書論文

李弘祺　〈絳帳遺風──私人講學的傳統〉　收入《中國文化新論──學術篇》　臺北市　聯經出版事業公司　1981年

張　灝　〈宋明以來儒家經世思想試釋〉　收入《近世中國經世思想研討會論文集》　中央研究院近代史研究所　1984年4月

陸寶千　〈論羅澤南的經世思想〉　收入《中央研究院近代史研究所集刊》15冊下　1986年12月

黃彰健　〈鵝湖之會朱陸異同略說〉　收入《宋史研究集》第二輯　臺北市　國立編譯館中華叢書編審委員會　1983年9月

嚴壽澂　〈本諸良知　歸於經世──關中大儒劉光蕡學述〉　收入景

海峰編　《經典、經學儒家思想的現代詮釋》　北京市　人民出版社　2015年11月

龔書鐸　〈晚清儒學的變化〉　收入氏著　《社會變革與文化趨向：中國近代文化研究》　北京市　北京師範大學出版社　2005年1月

四　期刊論文

孔定芳　〈以明道為究極：孫奇逢《理學宗傳》的道統重構〉　《西南大學學報（社會科學版）》　第42卷第5期　2016年9月

方婉麗　〈晚清吳廷棟與方潛之辨學〉　《安慶師範學院學報（社會科學版）》　第29卷第8期　2010年8月

任　昉　〈「中學為體　西學為用」的典型——劉光蕡墓誌述評〉　《中國青年政治學院學報》　第2期　1999年

朱淑君　〈系譜重建與經世復歸：咸同時代理學復興的學術特徵考察〉　《文藝評論》　第2期　2011年

何威萱　〈方東樹的理學觀及其宋學立場再探——以《跋南雷文定》為討論中心〉　《臺大文史哲學報》　第86期　2017年5月

余英時　〈曾國藩與「士大夫之學」〉　《故宮學術季刊》　第11卷2期冬季號　1993年

呂妙芬　〈顏子之傳：一個為陽明學爭取正統的聲音〉　《漢學研究》　第15卷第1期　1997年6月

李世揚、鄭培國　〈唐鑑的哲學思想淺論——兼評《國朝學案小識》〉　《滄桑》　第3期　2012年

李細珠　〈倭仁史實考證二則〉　《近代史研究》　第2期　1999年

李細珠　〈倭仁交游述略〉　《近代中國》　第9輯　1999年

李細珠　〈倭仁與吳廷棟交誼略論〉　《安徽史學》　第2期　1999年

李細珠　〈晚清頑固派的典型──大學士倭仁〉　《百年潮》　第5
期　2000年

李細珠　〈試論嘉道以來經世思潮勃興的傳統思想資源〉　《廣東社
會科學》　第3期　2005年

李　陵　〈《清學案小識》：一部飽受爭議的晚清理學史〉　《衡陽師
範學院學報》　第29卷第4期　2008年8月

李　陵　〈唐鑑講學京師與晚清理學群體的形成〉　《蘭州學刊》
第7期　2008年

李　贄　〈方東樹與十九世紀的漢學批評〉　《史學集刊》　第3期
2002年7月

杜維明撰　林正珍譯　〈宋儒教育觀念的背景〉　《史學評論》　第
9期　1985年1月

汪長林、方盛良　〈方宗誠與曾國藩交游述考〉　《安慶師範學院學
報（社會科學版）》　第24卷第2期　2005年3月

汪長林　〈張裕釗與方宗誠交游述考〉　《安慶師範學院學報（社會
科學版）》　第25卷第2期　2006年3月

車冬梅、梁寶林　〈讀唐鑑《國朝學案小識》〉　《華夏文化》　第3
期　2010年

車冬梅　〈析晚清理學學術特徵〉　《西北大學學報（哲學社會科學
版）》　第39卷第4期　2009年7月

周積明　〈乾嘉時期的學統重建〉　《江漢論壇》　第2期　2002年

林永勝　〈作為樂道者的孔子──論理學家對孔子形象的建構及其思
想史意義〉　《清華中文學報》　第13期　2015年6月

武道房　〈從師友關係看曾國藩理學信仰的形成〉　《船山學刊》
2006年第1期

武道房 〈曾國藩對學的反思、再造及其對晚清社會的影響〉 《中國哲學史》 第4期 2007年

姜廣輝 〈乾嘉漢學再評價——兼評方東樹對漢學的回應〉 《哲學研究》 第12期 1994年

胡楚生 〈方東樹〈辨道論〉探析〉 《文史學報》第24期 1994年7月

徐雁平 〈《讀書分年日程》與清代的書院〉 《南京曉庄學院學報》 第3期 2006年

馬秀平 〈倭仁理學思想論略〉 《福建師範大學學報（哲學社會科學版）》 第3期 2002年

張天杰、肖永明 〈從張履祥、呂留良到陸隴其——清初「尊朱闢王」思潮中一條主線〉 《中國哲學史》 第2期 2010年

張永儁 〈宋儒之道統觀及其文化意識〉 《臺大文史哲學報》 第38期 1990年12月

張永儁 〈清代朱子學的歷史處境及其發展〉 《哲學與文化》 第28卷第7期 2001年7月

張昭軍 〈方宗誠與柏堂學〉 《安徽史學》 第4期 2007年

張昭軍 〈程朱理學與晚清社會〉 《雲南大學學報（社會科學版）》 第10卷第5期 2011年5月

張昭軍 〈聖賢學問與世俗教化——晚清時期程朱理學與綱常名教關係辨析〉 《孔子研究》 第4期 2008年

張偉、刑書緒 〈程端禮及其《讀書分年日程》〉 《寧波大學學報（教育科學版）》 第26卷第6期 2004年12月

張強、殷煥舉 〈內聖與外王的博弈；淺析晚清理學發展路向〉 《蘭臺世界》 2011年10月

張 強 〈晚清理學特徵芻議〉 《社會科學家》 第4期 2010年

張　循　〈清代漢宋學關係研究中若干問題的反思〉　《四川大學學報（哲學社會科學版）》　第4期　2007年

張　循　〈漢學的內在緊張：清代思想史上「漢宋之爭」的一個新解釋〉　《中央研究院近代史研究所集刊》　第63期　2009年3月

陳　林　〈朱子工夫思想的內在發展理路──以已發未發為視角〉　《國立臺灣大學哲學評論》　第50期　2015年10月

陳逢源　〈宋儒聖賢系譜論述分析──朱熹道統觀淵源考察〉　《政大中文學報》　第12期　2010年6月

陳逢源　〈從「政治實踐」到「心性體證」：朱熹注《孟子》的歷史脈絡〉　《東吳中文學報》　第20期　2010年10月

覃曉婷　〈晚清的理學復興與唐鑑的道統論──以《國朝學案小識》為中心〉　《安徽師範大學學報（人文社會科學版）》　第34卷第2期　2006年3月

黃克武　〈理學與經世──清初「切問齋文鈔」學術立場之分析〉　《中央研究院近代史研究所集刊》　第16期　1987年6月

黃愛萍　〈《漢學師承記》與《漢學商兌》──兼論清代中葉的漢宋之爭〉　《中國文化研究》冬之卷　1996年

楊儒賓　〈孔顏樂處與曾點情趣〉　《東亞論語學：中國篇》　上海市　華東師範大學出版社　2011年

楊儒賓　〈作為性命之學的經學──理學的經典詮釋〉　《長庚人文社會學報》　第2卷第2期　2009年

楊儒賓　〈兩種氣學　兩種儒學〉　《臺灣東亞文明研究學刊》　第3卷第2期　2006年12月

楊儒賓　〈檢證氣學──理學史脈絡下的觀點〉　《漢學研究》　第25卷第1期　2007年6月

楊儒賓　〈變化氣質、養氣與觀聖賢氣象〉　《漢學研究》　第19卷
　　　　第1期　2001年6月

葛兆光　〈道統、系譜與歷史：關於中國思想史脈絡的來源與確立〉
　　　　《文史哲》　第3期　2006年

董金裕　〈朱熹與四書集注〉　《國立政治大學學報──人文學科
　　　　類》　第70期上　1995年6月

趙之恆　〈理學家倭仁與咸同政局〉　《清史研究》　第2期　1999年

暴鴻昌　〈清代漢學與宋學關係辨析〉　《史學集刊》　第2期　1997
　　　　年

蔡龍九　〈王陽明「知行合一」的再研議〉　《國立臺灣大學哲學評
　　　　論》　第46期　2013年10月

蔣秋華　〈方宗誠《春秋傳正誼》析論〉　《中國文化研究》春之卷
　　　　2010年

韓立平　〈日課：宋代流行的讀書法〉　《博覽群書》　第12期　2012
　　　　年

蘇　鵬　〈論劉光蕡的「因時變學」思想〉　《寶雞文理學院學報
　　　　（社會科學版）》　第35卷第1期　2015年2月

五　外文譯作

〔日〕小野澤精一、福光永司、山井湧編著　李慶譯　《氣的思想：
　　　　中國自然觀和人的觀念的發展》　上海市　上海人民出版社
　　　　1992年

〔日〕溝口雄三著　林右崇譯　《中國前近代思想的演變》　臺北市
　　　　國立編譯館　1994年12月

〔美〕孔恩（Thomas S.kuhn）撰　王道還編譯　《科學革命的結構》
　　　　臺北市　遠流出版事業公司　1989年

〔美〕艾爾曼（Benjamin A. Elman）著　趙剛譯　《從理學到樸學——
　　　中華帝國晚期思想與社會變化面面觀》　南京市　江蘇人民
　　　出版社　1998年

〔義〕艾柯（Umberto Eco）等撰　柯里尼編　王宇根譯　《詮釋與
　　　過度詮釋》　香港　牛津大學出版社　1995年

〔德〕漢斯—格奧爾格‧加達默爾（Hans-Georg Gadamer）原著　洪
　　　漢鼎譯　《真理與方法：哲學詮釋學的基本特徵》　臺北市
　　　時報文化出版公司　1993年11月

六　網站資料

陳　建　《學蔀通辨》　中國哲學書電子化計劃　http://ctext.org/ wiki.
　　　pl?if=gb&chapter=53771

劉廷詔撰　倭仁、吳廷棟校刊　《理學宗傳辨正》　中國哲學書電子
　　　化計劃　http://ctext.org/library.pl?if=gb&res=79918　同治11
　　　年六安求我齋刊本

哲學研究叢書・學術思想叢刊 0701015

清代中晚期理學研究
——思想轉化、群體建構與實踐

做　　　者	田富美
責任編輯	楊芳綾
特約校稿	林秋芬

發 行 人	林慶彰
總 經 理	梁錦興
總 編 輯	張晏瑞
編 輯 所	萬卷樓圖書股份有限公司
	臺北市羅斯福路二段 41 號 6 樓之 3
	電話 (02)23216565
	傳真 (02)23218698

發　　　行	萬卷樓圖書股份有限公司
	臺北市羅斯福路二段 41 號 6 樓之 3
	電話 (02)23216565
	傳真 (02)23218698
	電郵 SERVICE@WANJUAN.COM.TW
香港經銷	香港聯合書刊物流有限公司
	電話 (852)21502100
	傳真 (852)23560735

ISBN 978-986-478-210-9

2018 年 9 月初版一刷

定價：新臺幣 300 元

如何購買本書：

1. 劃撥購書，請透過以下郵政劃撥帳號：
   帳號：15624015
   戶名：萬卷樓圖書股份有限公司

2. 轉帳購書，請透過以下帳戶
   合作金庫銀行 古亭分行
   戶名：萬卷樓圖書股份有限公司
   帳號：0877717092596

3. 網路購書，請透過萬卷樓網站
   網址 WWW.WANJUAN.COM.TW

大量購書，請直接聯繫我們，將有專人為您服務。客服：(02)23216565 分機 610

國家圖書館出版品預行編目資料

清代中晚期理學研究 ——思想轉化、群體建
構與實踐 / 田富美著.-
-- 初版.-- 臺北市 ：萬卷樓, 2018.09
　面 ；　公分.--(哲學研究叢書.學術思想叢刊)
ISBN 978-986-478-210-9(平裝)
1.理學 2清代

127.4　　　　　　　　　　　　　107015488